新装版

あなたは絶対！守られている

浅見帆帆子
Hohoko Asami

廣済堂出版

人はみんな、なにかに守られている

わたしは、前作『あなたは絶対！　運がいい』の中で、

「自分のまわりに起こることは、良いことも悪いこともすべて自分で決めることができる」

「人には精神レベルというものがあって、精神レベルを上げさえすれば、望むことや欲しいものが向こうから自然と近づいてくる」

「心に思う理想はどんな大きなことでも実現する」

ことなどについて書き、さらに

「精神レベルを上げる方法」

「自分の夢や理想をかなえる方法」

について書いたところ、全国各地の方々からたくさんのお手紙をいただきました。改めてお礼を申し上げます、ありがとうございました。

「書いてあることを実践したらこんなすごいことが起こった、これは精神レベルを上げたからなのだろうか？」「今まで自分は全く逆の考え方をしていたみたい」「気持ちが軽くなった」などなど、自分の身のまわりで起こった事柄をいろいろ教えて

くださって、わたし自身も「精神レベルが上がると生活が変わるというのはこういうことなんだ」と改めて、そのすごさを感じました。

今回の『**あなたは絶対！　守られている**』には、前作に書ききれなかった部分、

「わたしたちには、目に見えないけれど自分を守ってくれているなにかがある」

「守ってくれているものとはなんなのか」

「守られているとなにが起こるか」

「もっと守ってもらうには、どうすればいいのか」

「守られている力を借りると、理想や夢をかなえるスピードがさらに速くなる」

などのことについて書いてあります。

また、テレビや本で聞いたことのある言葉や、よく言われているけれどはっきりしない目に見えないものについて、わたしなりの解釈をしてみました。

前作から何回も言っていることですが、わたしはなにかの宗教に属しているわけではありませんし、なにかが見えてしまう感じやすい体質でもありませんし、ましてなにかを悟った人間でもありません。

でも現実に、自分の精神レベルを上げると、どう考えても自分の力だけではできないだろうと感じるような、自分にとって意味のあるプラスのことが起こり始め、それがたびたび続くので「人はみんな、なにかに守られているのかもしれない」ということを自然と感じるようになったのです。そして、この守られているなにかの仕組みに気づいた時から、さらに良いことが早く起こるようになったのです。

タイミングの良いラッキーなことが続いて生活が変わってくるのは、前作に書いたような方法で自分の精神レベルを上げてきたからこそ起こっていることなので、もちろん自分の意識のパワーですが、それだけではなくて、わたしたちを守ってくれている「プラスアルファの力」があるからだと思います。

これらの力がどのような仕組みでわたしたちを守ってくれているかを理解して、その力を借りながら精神レベルを上げる、こうしていれば、ますます望みや理想に近づくのではないでしょうか。

この考え方には、自分の現実の生活を変える力があると思います。誰でも「運のいい人」になれるし、身のまわりに良いことだけを起こすようになれるはずです。

そして、精神レベルを上げることは自分の理想や夢をかなえるのに役立つだけではありません。たくさんの人が精神レベルを上げ、それが広まってどんどん大きくなれば、世界のどこかで起こっている紛争もなくなっていくぐらいのパワーになる、とわたしは信じています。現に、この意識の力を借りて成功している著名人はたくさんいらっしゃるし、一人一人の意識の改革が地球規模ではたらけば、戦争や天変地異さえ起こらなくなる、ととなえている方も何人もいるのです。

このような考え方をわかっていらっしゃる方はたくさんいるだろうし、二十五歳のわたしが言ってしまうのは恐いもの知らずだと思います。

でも、二十五歳だからこそ思う心の動き、ものごとの動き、意識のパワー、よく耳にするけれどよくわからない目に見えないことについて、二十五歳なりの「わたしはこう考えている」ということを知ってほしいと思い、書くことにしました。

これからの人生を生きていく上で、こんな簡単な方法で自分の理想に近づき、心穏やかに生活できるなんて、本当にうれしいと思っています。

まずは、自分の身近な生活で実感してください。

目次

第1章　運のいい人になるための早道

第2章　守られているってどういうこと？

第3章　邪霊は本当にいるの？　いるとしたらどんなもの？

第4章　よく耳にするけど、よくわからないこといろいろ

カバー・本文イラスト／浅見帆帆子

第1章

運のいい人になるための早道

この本では**「自分のまわりに起こることは、偶然起こったように感じるラッキーなことも、自分が原因ではないと思えるトラブルも、すべて自分が招いていることである。だから自分の心の持ち方次第で、何が起こるか一〇〇パーセント決められるんだ」**ということを踏まえて読んでいただきたいと思いますので、ここで簡単に前作の内容に触れたいと思います。

詳しくは、**『あなたは絶対! 運がいい』**を参照していただくと、その仕組みがよりわかると思います。

運のいい人は、みんな共通の考え方をしている

人にはそれぞれ意識の「レベル」があります。わたしはこれを「精神レベル」と呼んでいます。

精神レベルというのは、その人の心や意識の状態を指すもので、生まれや育ち、容姿、家庭環境、学校、職業などには一切関係ありません。

この「精神レベル」が、運のいい人、悪い人を決めているものです。

精神レベルの高い人は、みんな運のいい人です。

運の悪い人は、精神レベルの低い人です。

精神レベルが高い（＝運がいい）という人たちは、ある共通した考え方で生活しています。

それはずばり、心の中がいつも明るく、いらいらした感情を持たない暮らし方です。

いろいろなことがうまくいっているから明るいのではなく、心の中を明るく保っているから良いことが吸いつけられるように集まってくるのです。

これがどうしてなのかという仕組みについては、前作で詳しく書いたのでここでは省略しますが、とにかく「運がいい人」というのはみんな「精神レベルが高い人」だし、みんな、幸せを呼び込む共通の考え方をしています。

精神レベルの高い人は、生活の中に不平や不満の原因になることが全くないので、心豊かに幸せに暮らしています。自分の自己満足ではなく、まわりから見ても楽しそうに見えるし、なんでもうまくいっていいなあというイメージを持たれています。

もちろんそう見えるだけでなく、実際に都合の良いラッキーなことばかり起こっています。

逆に精神レベルの低い人は、なにをやってもうまくいかない。いつもトラブルに巻き込まれている。まわりから見ても「運が悪い」という人です。

自分のまわりに良いことだけを起こす方法

精神レベルを上げさえすれば、運のいいことだけを起こせるようになります。そして精神レベルは、自分の努力で簡単に上げることができるのです。

「○○さんは精神レベルが高い状態で生まれてきた」というようなことではないので、性格や与えられている環境には関係なく、自分の心の持ち方次第です。心の持ち方をちょっと変えるだけで、信じられないようなラッキーなことが現実に起こるのです。

つまり、運のいいことが起こるのは偶然でもなんでもなくて、すべてその人がつくりだしているということです。

精神レベルは、毎日の生活のちょっとしたことで上げることができます。精神レベルが上がると、ラッキーなことや自分にとっての良いことばかりが生活の中で起こるようになるので、はっきりとわかります。

具体的に注意することを簡単に言うと、

●日常生活の小さなことにイライラしたり、すぐに小言を言ったりしない。

●家族、友人、まわりの人と円満に過ごす。

●まわりの人に寛大になる、親切にする。

●その時、目の前にあることに全力を尽くす。

「行い正しく良い人になりましょう」なんてことではなく、今自分が思いつく本当に小さなことでいいのです。

例えば家族との接し方について、

●いつも挨拶《あいさつ》をしていない人は、たまには明るく挨拶する。
●いつも外食の人は、たまには家で夕飯を食べる。
●たまには親戚の長電話につき合ってあげる。
●たまには一家団欒《だんらん》する。
●たまには「自分がここにいるのは、この両親が生んでくれたおかげ」と感謝してみる。

基本的に、プラスの行いと考え方をすることです。

プラス思考という考え方は、今では知らない人がいないぐらいになりましたが、本当の意味でのプラス思考は、「ものごとを明るく捉《とら》えよう」なんていうありきたりなことではなくて、その人に起こる事柄まで全部変わるぐらい、ものすごくパワーのあることなのです。

プラスの行いと考え方をしていると、自分の心の中にプラスのパワーがどんどん溜《た》まっていきます。精神レベルとは、「プラスのパワーの量」とも言えるのです。

こんなことをしただけでどうして精神レベルが上がるのか、どうして突然良いことばかり起こるようになるのか、わたしもはじめは全くわかりませんでした。わたしがまわりの人と円満に過ごすことと、突然起きるラッキーなこととはなんの関係もないと思っていたのですが、実は関係があったのです。偶然ではなかったのです。

わたしの言う「精神レベルが高い」というのは、道徳的に立派な行いをしましょう、なんていう聖人めいた考えからスタートしたのではなく、自分の理想や夢をかなえたい、心豊かな生活をしたいと考えた結果、たどりついたことです。なんでもうまくいって理想をかなえたような人たちの考え方や行動の仕方を観察した結果、また、いろいろな本を読んだり話を聞いたり、試しに実践してみてわかったことです。とにかく、自分の中の小さな意識の変化がどれだけ自分の生活を変えていくか、自分で経験すればすぐにわかります。

いつもいつも良いことばかり起こる人がいるのは不公平でもなんでもなくて、すべてその人の意識の力だったということです。

精神レベルを上げると、良いことしか起こらなくなる

精神レベルを上げていくと、自分でも信じられないようなラッキーなこと、運がいいなあということが、次々と起こり始めます。

例えば、会いたいなあと思っていた人にばったり出会ったとか、あれを買わなくちゃと思っていたらたまたま誰かにいただいたりとか、そのような経験ってみなさんにもありますよね。でもそんな小さなことなので「ちょうど良かった」「ついてるなあ」程度にしか感じないかもしれません。まして「精神レベルを上げたからだ」とは、普通は思わないですよね。

でも、このような小さなラッキーがだんだんと頻繁《ひんぱん》に起こるようになります。そしてさらに精神レベルを上げ続けると、それが毎日のように起こり始めて、それぐらいのラッキーを起こすなんてなんでもないように感じてきます。**小さなことならば、心の中で思えばすぐかなうようになってくるのです。**

わたしもこれに気づいた頃は、精神レベルを上げることと良いことが起こる関係を知りたかったので、いろいろと試しました。

例えば「○○ちゃんと話したいなあ」と思った時に、今までだったらすぐに電話していましたが、「そのうち向こうから連絡があるだろうから待ってみよう」と思って待つのです。そうすると、その日のうちに電話がかかってきたりするんですよね。

「シャーペンの芯がなくなった…」と思っていたら、頼んでもいないのに弟が余分に買ってきてくれたり、MDプレーヤーが壊れたら、全く同じものをくじ引きであてでしまったり、そんなことばかりで面白くてしょうがない時期がありました。「あれが欲しいなあ…、じゃあ精神レベルを上げてみよう」という調子でした。

別に、わたしに特殊な力があるわけではありません。前作に書いたような方法で精神レベルのアップに集中していたら、こういうことが起こるようになっただけで、誰でもできることなのです。または、もう起こっているのに気づいていないのかもしれません。

そして、さらに精神レベルを上げ続けると、もっと大きな望みがかなうようになって、ある日ふと気づいたら、自分がずっとかなえたいと思っていた理想や、前だったら考えられないような大きななにかがかなってしまった、という状況になっているのです。

かなえたいこと自体に死にもの狂いにならなくても、向こうのほうから自然と近づいてくる感じです。

今のレベルでこの程度のラッキーだとすれば、もっとレベルが上がればもっとすごいこと、理想や夢がかなってしまうようなラッキーなことがやってくるのです。

精神レベルを上げると、トラブルが起こらなくなる

精神レベルを上げると、困ったことやトラブルが起こらなくなっていきます。

たとえ起こったとしても、一瞬のうちに解決します。

以前から抱えている悩みでも、ちょうどその時に起こったトラブルでも、どんなことでも、精神レベルを上げさえすれば自然と解決するのです。

この「自然と解決する」がポイントです。

自分で解決しようと頭を悩ませなくても、精神レベルの上がる生活をしてプラスのパワーがいっぱいになると、それとは直接関係ないように思われるトラブルがどんどん解決するのです。

「解決する」というのは、その憂鬱《ゆううつ》なことを考えないようにしたとか、楽しいこと

をやって気を紛らわせたというような曖昧《あいまい》なことではありません。

これは本当に不思議です。

体験してみて初めて、このすごさがわかります。

例えば人間関係でトラブルを抱えていた場合、なんとか解決しようと方法を考えたり、その事柄自体に頑張るのではなく、むしろそのことは忘れて自分の精神レベルが上がる生活をします。先ほど書いたようなことに注意して生活するのです。

そうしていると、自分でもびっくりするような、あり得ない大どんでん返しが起こったりして解決しちゃった…、というようなことが、わたしにも何回もありました。自分の知らないところで誰かが処理してくれたように、いつのまにか解決してしまうのです。


精神レベルを上げる行いや心の持ち方をしていると、それとは全く関係のないトラブルや悩みが自然と解決する。これも精神レベルを上げると起こる不思議な現象のひとつです。

自分の心の中にたまったプラスのパワーがいっぱいになると、それとは関係のないマイナスのことにまで使われて、解決してくれるのです。

そして、精神レベルの高い人のほうが解決するスピードが速くなります。これは、わたし自身の精神レベルの低かった時と高かった時とを比べてわかりました。

プラスのパワーが
たまると、
トラブルやいやなことを
やっつけてくれる。
イテッ
ムグッ
知らない間に

つまり、精神レベルの高い人たちにも日常生活の中でいやなことや困ったことは起こるのですが、それの解決するスピードが速いだけなのです。今日起こったことが次の日には解決している、ぐらいなので、起こっていることがわからないのです。悩む暇もないので、その人にとっては悩むに値しないこと、これをまわりから見ると、なんの悩みも問題も起こらない人に見えるのです。

同じトラブルが起こっても、レベルの低い人はなかなか解決しません。

精神レベルを高めると、解決するスピードがどんどん速くなって悩む暇もないほどなので、最後には不平不満を言いたくなるようなことが、生活の中からだんだんなくなっていきます。

精神レベルを上げると、グッドタイミングを引き寄せる

精神レベルを上げると、理想や目標を実現させたいと思う時に、すごく良いタイミングで動けるようになります。

自分の理想や夢をかなえるには、そのことへの直接的な努力はもちろんですが、「タイミング」をつかまなければなりません。

タイミングが悪ければ、目指していることがどんなに具体的でどんなに頑張っていてもうまくいかないんですよね。

あとちょっと早かったらよかったのに、というようなことはたくさんあるはずなので、「タイミング」というのは本当に重要です。

でも、「タイミング」というものは人間の力ではどうしようもないことがあります。もちろんだいたいの予想をつけることはできますが、ちょっとのずれで邪魔が入ったり、なにかが狂ってうまくいかないこともありますよね。

精神レベルを上げると、この目に見えない、人の力ではどうしようもなく思える時間のタイミングまで操作され始めます。

いつにしようか、もうちょっと待ったほうがいいのかな、などと考えなくても、「たまたま動いたらちょうどタイミングがいい時で…」という結果になるのです。

大して考えずになんとなくやっただけなのに、あとで振り返ると「運が良かったわねえ」という時に動けていたし、「もう少し待てばよかった」という時には、動かずにすむのです。それも、考えずに自然にやったことが、です。

「たまたま」と感じる目に見えないタイミングさえ、自分の精神レベルを上げさえすれば味方してくれるということです。

これも本当に不思議です。

精神レベルを上げる行いと、自分がやろうとしていることとは全く関係ないのに、片方でやった良い行いが、もう片方を助けてくれている感じです。

精神レベルを上げると、自分に必要な情報がどんどん入ってくる

精神レベルを上げると、自分のほうから懸命に探さなくても自分のかなえたいことや、探していることに関係のある情報がどんどん入ってくるようになります。

「そうそう、その話、知りたかったの」「どうすればいいかなあと思ってたところ」というようなことを、思ってもいなかった人から聞いたり、たまたま目にしたテレ

ビや、新聞や雑誌で見かけたり、突然心にひらめいたりすることがふえてくるのです。

そして、ためしにそのとおりにしてみたらうまくいっちゃった、という結果につながるはずです。

これについても、実験台としていろいろ試しました。そしてほとんどのことが、その時の自分に必要な情報で、その情報のとおりにやったほうがうまくいくなと実感しました。

このような情報は、本当はレベルの低い時にもあふれるぐらいわたしたちのまわりにあるのですが、精神レベルが低い時にはこれに気づけないのです。または、情報のやってくるタイミングがずれているので、やってきた時にも素通りしてしまうのです。

自分がそれを求めているちょうどその時に情報がやってきて、それに気づくことができるのも、精神レベルが高いからです。つまりタイミングが合っているのです。

なにかに成功した人が後から考えると、「たまたまあの時テレビで見て…」「たまたまタイミングがよくて…」ということがあったと思いますが、これは偶然ではないのです。「たまたま」も「偶然」も、すべて自分の精神レベルに応じて起こっている、ということです。

もちろん、「たまたま」には悪いものもあるわけですが、精神レベルが上がると、タイミングの良い「たまたま」がどんどんふえて、運が悪いほうのはなくなっていきます。

目に見えないことなので、納得するには自分で体験してみるしかありませんが、精神レベルが上がると自分の生活がどんどん変わっていくのではっきりとわかります。面白いほどです。

精神レベルの高い人は、冗談でもマイナスの言葉を言わない

精神レベルを上げて、「自分に起こる現実は、自分の心の状態に見合ったものしか起こらない」ということを実感し始めると、現実になってしまったら困るようなマ

イナスのことは考えないようになります。

このあたりまでレベルが上がってきた人は、冗談で言ったマイナスのことが本当になってしまって、ぞっとした経験をしていらっしゃると思います。

「風邪をひいたから休みます」とウソをついてお稽古事を休めば本当に風邪をひくし、「ああなっちゃったりして…」と冗談半分で言った悪いことが本当になってしまったり、こういうことがたくさんあったので、「現実になったら困ることは絶対に言わないほうがいいんだ」ということが、わたしもだんだんわかってきました。

同時に、「『言葉』にはものごとをそちらのほうへ流していく力（言霊《ことだま》）がある」ということにも気付きました。

心の中に、「ねたみ」「そねみ」「文句」「小言」「不満」などをいつも抱えている人には、それに合った現実、また、不満を言いたくなるような現実がやってくるのです。心が不満を抱えていると、不満を言いたくなるような状況が引き寄せられてくるのです。

派手な外見の人のグループに地味な外見の人はいません。優しい人のグループに

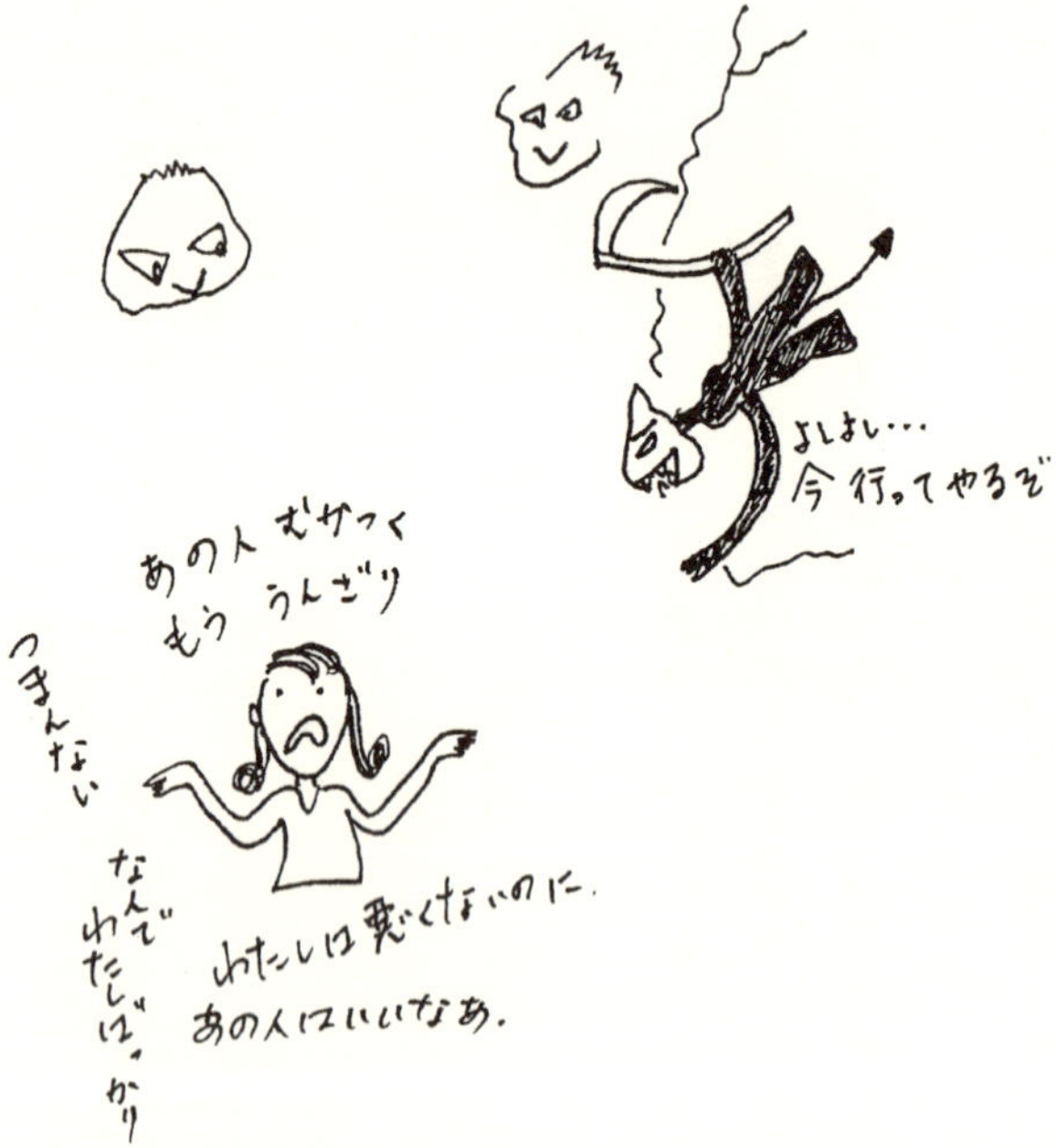

心の中に見合う現実が
やってくる

は、自然と優しい人が集まっているし、いつも文句を言っている人は、一緒に文句を言い合える仲間といたほうが楽だから、文句を言い合う人同士でかたまっている、これと同じことです。

精神レベルを上げて生活が変わり始めることがどのようなことかわかってきた人は、試しにマイナスのことを言って、確かめてみるとわかると思います。

言葉に出すと理想が早く実現する

だったら、悪いことは言わずに良いことを言えばいいわけですよね。「言霊《ことだま》」はもちろん良い方向にもはたらくので、現実にそうなってほしいことをどんどん言うのです。その言い方も、「こうなるといいなあ」という曖昧《あいまい》な言い方では効果が薄いのです。「絶対こうなるから、そうしたら次は…」というように、そうなるのは当然で、その先まで想像している、これくらい具体的に言葉にしていると、本当に現実になります。その時には絶対無理そうな望みでも、です。

自分でも本当にそうなる予定があるように思うこと、言葉に出すことです。

自分の理想やかなえたいことを、しょっちゅう口に出したり紙に書いたりする方法は、最近ではずいぶんたくさんの方がやっていらっしゃいますが、これと同時に精神レベルを上げれば、自分の心に見合う状況が現実になるので、理想や夢が向こうのほうから近づいてきます。

いつも運のいい人、なにをやってもうまくいく人、なんのトラブルにも巻き込まれない人、心豊かに楽しく暮らしている人というのは、たまたまラッキーだったのではなくて、幸せなことばかり起こす生活、つまり精神レベルの高い生活をしているからです。

もちろん、生まれた時から与えられている性格や環境はそれぞれ違います。

でも自分の精神レベルを上げさえすれば、それまでの自分では絶対に入れなかったレベルの仲間入りをすることができるし、どんな人でも自分の理想の生活をかなえることができるのです。

同じ精神レベルの人同士は、生活の中で起こることが似ているので、だいたい同じような生活をしているし、同じような交友範囲で動いています。精神レベルの高い人は高い人同士、低い人は低い人同士で自然とグループができ上がっているはずです。

自分より幸せに暮らしていると思える人、こういう人は、間違いなく自分より精神レベルが高いからであって、はじめから決まっていたことではありません。

そしてその仲間入りをしたいと思ったら、精神レベルを上げればいいだけのことなのです。

精神レベルを上げると、

- **運のいいことばかり起こるようになる。**
- **トラブルが解決しやすくなる、なくなる。**
- **タイミングのいい時に自然と動ける。**
- **理想や夢が向こうのほうから近づいてくる、現実になる。**

以上のことを踏まえた上で、先を読んでいただきたいと思います。

精神レベルを上げるにはどうしたらいいか、他にどんなことが起こるかについて、詳しくは前著『**あなたは絶対！　運がいい**』を参考にしてください。

第2章

守られているってどういうこと？

よく聞く「守護神」「守護霊」ってなんなの？

仏教やキリスト教やイスラム教、日本古来の神道などなど、すべての信仰の世界では、「わたしたちは守られている」というような言葉が必ず出てきます。「いつも神が共にいます」とか「あなたは守られているから大丈夫ですよ」という話を、誰でもどこかで一度は耳にしたことがあるのではないでしょうか？

でも毎日の生活の中で、「わたしは守られているんだなあ」といつも実感して暮らしている人は少ないですよね。

テレビや本で見る奇跡の話、例えば「亡くなったおじいさんが守ってくれたに違いない」というような、目に見えない何かに守られて起きた不思議な話はたくさんありますが、あくまで話のひとつとして聞くだけで、なんだかいまひとつ確かなものではないと感じたり、一般には起こらないこと、と捉《とら》えたりします。また、このような目に見えないことについての情報がありすぎて、どれが本当なのかわからなかったり、正直言って信じて良いのか悪いのか、はっきりしません。

さらにそういう話があることは知っていても、それが自分の日常生活にどう関《かか》わっているのかということになるとますますわからないことだらけで、自分とは関係ないと感じて暮らしている人が多いと思います。

日常生活の中で「なにかが守ってくれたのかも…」と感じられる時は、「すんでのところで危険なことからまぬがれた」というような時ではないでしょうか。

例えば、「大きな電車事故が起こったことをニュースで知ったけれど、自分はその一つ前の電車に乗っていた…」。こんな時、「ああよかった、もうちょっとで巻き込まれるところだった、あぶないところだった」とホッとしますよね。普段は信じていない人でも「神様ありがとうございます」と思わず言ってみたくなったりします。

命に関わるような大きな事件ではなくても、日常生活でなにか困ったことに直面し「ギリギリのところでなんとかなった」という時も同じように感じるはずです。

●寝坊して走っていたら、タイミングよく青信号が重なった、ちょうど急行がとまっていて、飛び乗ったらすぐにドアが閉まって、絶対遅れると思っていた約束の時間になんとか間に合った。

●車を運転していて事故に巻き込まれるようなヒヤッとすることがあったけど、事故にならずにすんだ。

●いつものようにあっちの道を通っていたら、渋滞に巻き込まれるところだった。

●あと三〇分会社を出るのが遅かったら、夕立にあっていた。

●みんなと一緒にあれを食べていたら、おなかをこわすところだった。

「一歩間違えば、あとちょっとでああなるところだった」とホッとしたような経験は、大きいこと小さいことを含めれば誰にでもあるはずです。

特に精神レベルが上がってくると、タイミング良く動けるようになっているので、ちょっとの違いでハプニングを避けることができたというラッキーなできごとがふえてくるはずです。「運というのは偶然ではなくて、全部自分が招いている」とわかってはいても、「たまたま運が良かったとしか言いようがない」と感じ、思わずホッとするできごとを経験していると思います。

それでもこんな時、「ああ良かった、運がいいなあ」ぐらいは誰でも思いますが、「なにかに守られているなあ」と感じる人はなかなかいないですよね。

でも実は、このようなタイミングでなにも起こらずにすんだこと、これはわたしたちをなにかが守ってくれているからなのです。

誰にでも、いつも守ってくれている見えない力があるのです。

どんな人も、どんな時でも守られているのです。

わたしもはじめのうちは、「わたしはなにかに守られている」なんていうことは、日常生活の中で考えたこともありませんでした。

もともとそういう話に興味があったわけではないし、「まあ、仮にそういうものがあったとしても、わたしの生活には関係ない」と考えていたぐらいです。

でも精神レベルを上げていくと、タッチの差で巻き込まれずにすんだというようなことが、事故のようにはっきりしていることに限らず、人間関係や仕事にも頻繁《ひんぱん》に起こってくるし、そういうことがどんどん多くなるので「こんなにタイミングがいいなんて、これは自分の力だけじゃない、なんだかなにかに守られているみたい…」と自然と思うようになりました。

精神レベルの考え方でいくと、こんなにナイスタイミングのことが起こるのは、精神レベルを上げたおかげだ↓精神レベルを上げたのは自分だ↓だから自分の力だ、と考えることができます。

これは確かにそのとおりだと思います。自分の精神レベルを上げない限り、ナイスタイミングなことは起こらないのですから。

でも、自分の精神レベルだけでなく、守ってくれているなにか見えない力もあるのです。

そして、この守ってくれている「なにか」を意識し始めた時から、ますます良いことが起こるらしい…ということに気づいたのです。

守護神、守護霊とはどんなもの？

何度も言いますが、自分のまわりに起こることは全部自分が招いているので、ラッキーなこともたまたまと思えるようなことも、すべて自分の力です。

でも、自分の精神レベルの力、プラス「守ってくれている力」があるのです。

この「守ってくれるなにか」を指す言葉として一番よく聞くのが、「守護神」「守護霊」という呼び方です。

最近のテレビや本などでは、以前よりも見えないものを特集することが増えましたよね。「因縁《いんねん》」「心霊現象」「怨霊《おんりょう》」などのおどろおどろしいものから、「奇跡」と呼ばれる不思議な素晴らしい現象までいろいろあります。
陰陽師《おんみょうじ》も話題になりました。あれも、目には見えないものをテーマにしています。

なによりもすごいのは、「詳しく知らないけれど、目に見えないそういうものがあるらしい」と普通に受けとめている人たちが確実に増えていることです。

メディアで扱われているものは、どちらかというと人間に悪影響を与えるものが多いので、「守護霊」「守護神」という呼び方も霊的な感じがして誤解される気がするので、わたしは本当はこの呼び方をしないほうがいいような気がします。

わたしの思う「守護神」「守護霊」というのは、もっと大きなエネルギーのようなものです。わたしたちを守ってくれているプラスアルファのパワー、と捉《とら》えています。この守ってくれる守護神、守護霊、守りのパワーとはどんなものであるか、一言で定義するのは難しいことです。いろいろな信仰を持った人々がさまざまな方面からさまざまな呼び方をしています。

でも目に見えない異次元のものですから、はっきりと言葉で定義づけることはできません。逆に、ひとつの言葉で定義づけようとして、間違って解釈してしまったり、偏った方向に進んでしまうこともあります。

目に見えないので特別な体質や敏感な人以外はなにも感じませんし、見えるからすごい、見えないから凡人ということでもないと思います。見える人の表現の仕方もさまざまで、その形も一定ではありません。形があると言う人もいれば、ないと言う人もいます。

なんといってもわたし自身が見えないので幅広い言い方になりますが、守護神、守護霊、守りのパワーがどんなものかについて、一つだけはっきりと断言できることがあります。

それは、「わたしたちひとりひとりを守ってくれているもの」です。

目に見える形があろうとなかろうと、それが人の形をしているのか光のようなものなのか、そんな形には関係なく、とにかく「その人を守ってくれているもの」です。自分にとってプラスのものです。

さらに、さまざまな本やその道の方の体験、本来見えないものが見えてしまう人たちのお話、わたしの体験などを総合すると、**この守ってくれているものは、その人のご先祖に関係があったり、直接血のつながりがなくても縁の深いもののようで**

す。もちろん良い意味で「縁が深い」ということです。だからこそ、その人を守ってくれるのです。

信じる信じないは人それぞれなのですが、もしそういう「守ってくれているパワー」があるとすれば単純にうれしくありがたいことだなと思うし、それはどんなものなんだろうと思いませんか？

「人生で、自分自身の力は二〇パーセント、守られている部分が八〇パーセント」と断言している著名人さえいる

自分の先祖や縁の深いなにかが「守護神、守護霊」として守ろうとしているわけなので、自分に悪くはたらくことはないはずです。普通に考えて、自分の子供や孫、お世話になった恩人などが不幸になればいいと願っている人なんていませんよね。

このような力があるのはわかっていても、普通の人は自分の日常生活にはなんの関係もないと思って暮らしています。でもこの力のおかげで成功している人はたくさんいるのです。

以下に紹介する著名人の実体験は、守護神、守護霊のような「いつもそばにいる」というイメージとは少し違いますが、目に見えないものの力が守ってくれたという意味では同じです。

例えば、『クリスマスキャロル』や『二都物語』などで有名なチャールズ・ディケンズは、執筆をしている期間中、毎晩夢の中に小人が現われて、物語の続きを話してくれていたそうです。この小人がディケンズにとってどのような縁の深い存在なのかはわかりませんが、そのような目に見えないものに導かれながら作品を書いていたということは、本当のことのようです。

『闇の世界とユダヤ』の著者である中丸薫さんによれば、三六七編もの作品を書いたアメリカのSFミステリー作家、アイザック・アシモフも、このような守ってくれているものの力を借りて作品を書き続けていました。

「ここにタイプライターがあるでしょ。ここにわたしが座る。するとそちら側に小人たちが座るんです。三～四人くらい。あるときは、もっとたくさんやって来ます。そうして、いろんなことを話し始めます。私はそれを聞きながら、タイプライター

を打つだけなんです」（中丸薫『闇の世界とユダヤ』より）

また、知り合いの日本人アーティストにわたしが直接うかがった話ですが、彼女は作詞や作曲に行き詰まってどうしようかなと思っていると、ベランダになにかがやってきて、次の作品のアイディアを話してくれるそうです。そして聞いたとおりをそのまま作品に仕上げるそうなのです。

「なんだか正体はわからないけど、自分に良いようにはたらいてくれていることは間違いないの」と話す彼女は、自分に実際に起きていることを話しているので、確信にあふれていました。

興味深い話ですよね。

本当にいるのかいないのかという話を飛び越えて、「もしいるんだったら、わたしのことも守ってくれているのかな」と思います。

このような見えない力の存在を意識している人は著名人だけでなく、わたしたちのような一般人にもかなりいます。

だから特殊な人たちだけが関《かか》わっている特殊なものではなく、もっと自然に受け入れてもいいものだと思います。

みんなに守護神、守護霊はいる。気づいてないだけ

「見えない守りの力」というと、信仰を持った人や特別な人だけにしかないような

イメージがありますが、守護神、守護霊、守りのパワーはどんな人にもあって守ってくれています。

これがすごいところです。

特別なことをしなくても、本来、もともとあるもののようです。

守ってくれていることを実感できない人は、守られていることに気づいていないだけだと思います。

そして、気づけないことを「わたしはそういうことを感じる体質じゃない、そういう世界の人間じゃない」という次元で捉《とら》えている人は、この守りのパワーがどれほどすごいか、どれほどわたしたちの生活を助けてくれているか、まだまだ知らない人たちだと思います。「こんなことがあるなんて信じられない。タイミングが良すぎてうそみたい、なにかに守られているみたい」というラッキーな経験をしたことがないからです。

または、そういう経験があっても、自分の力がそうしたように思っていて、「守られているんだ」という捉え方をしてないだけなのです。

守護神、守護霊の力を感じるにはどうしたらいいか

それにはまず、「守ってくれているなにかがいるんだ」と、しっかり意識することです。

とにかく目に見えなくても存在を感じなくても、心の中で「守護神、守護霊、守りのパワーに守られているんだなあ」と意識してみることです。

守られていることを実感したかったら、実感させてくれるなにかが起こるのを待っているのではなく、先に守られていることを意識したほうが早道です。結果はあとからやってくると思います。

「守ってくれているんだ」と意識すると、守りのパワーはどんどん強くなっていくので、これに気づきやすくなるのです。

なぜ意識すると強くなるのでしょうか?

仮に、自分が誰かの縁の下の力持ちになっているとします。

普通、縁の下の力持ちは裏にいて表には出てこないので、その活躍に気づく人は少ないでしょう。助けられている本人さえ、自分に縁の下の力持ちがいることをわかっていない時があります。

でも、もし陰で支えている自分に、助けられている本人が気づいてくれたらすごくうれしいし、ますます頑張って力になってあげようと思いますよね。助けがいがあるというものです。

ちょうどこんな感じではないかと思います。

守護神、守護霊、守りのパワーの立場になってみれば、いつも守ってあげている本人が気づいてくれれば、「やっとわかってくれたか」という感じで、さらに力を発揮してくれるというわけです。

助けられている本人が全く意識しないで、そういうものの存在すら否定しようとしていれば、それらのパワーもやる気をなくすというものです。縁の下の力持ちになっている自分にいつまでたっても気づかないで、全部自分の力でやったと思われていれば、「じゃあ、なんでも自分でやってください…」という気分になるのと同じことです。

だから、意識したほうがその効果は現われるし、気づかない限り、その効果は感じられません。これは、幻想や思い込みではありません。なにしろ、わたし自身がその手のものはほとんど信じていなかったのですから。

ところがこの力を意識し始めた頃から、以前よりもっとラッキーなことが起こるようになったのです。

もちろん、守護神、守護霊、守りのパワーの存在に気づかないで否定していたとしても、生活に支障があるわけではありません。

信じないと罰が当たるなんていうことはないし、信じなければ悪いことが起こる、なんていうことを言う人がいるとすれば、それこそあやしい洗脳グループです。わたしたちを守っていて、プラスにはたらいているものなので、存在に気づかないからといって害を受けることは絶対にないし、どんな人のことも守ってくれています。

ただ意識すれば、その効果は二倍にも三倍にもなっていきます。

そして、その効果ははっきりと目に見えて表われ始めます。

守ってくれているパワーは目に見えませんが、その効果は目に見えるのです。だからわかりやすいですよね。

どうしてわかるのかと言えば、まさに「運のいい人」になるからです。なにをやってもうまくいく、という状態になるはずです。自分の生活がどんどん変わります。

●電話しようかなと思う人から電話がかかってくる。
●どうしているかな、会いたいなと思っている人にバッタリ出会う。
●雑誌で見たあれが欲しい…と思っていると、友だちからもらう。
●あの場所へ行きたい…と思っていると、近いうちにテレビで特集をやる。
●用事が重なっちゃったなあと思っていると、相手のほうからキャンセルや時間変更の連絡がある。

このような、自分にとって都合の良いことが次々に自然と起こります。

つまり、前作にもたくさん紹介したような運のいいことというのは、自分の精神レベルだけでなく、守られているからこそ起こることだったのです。

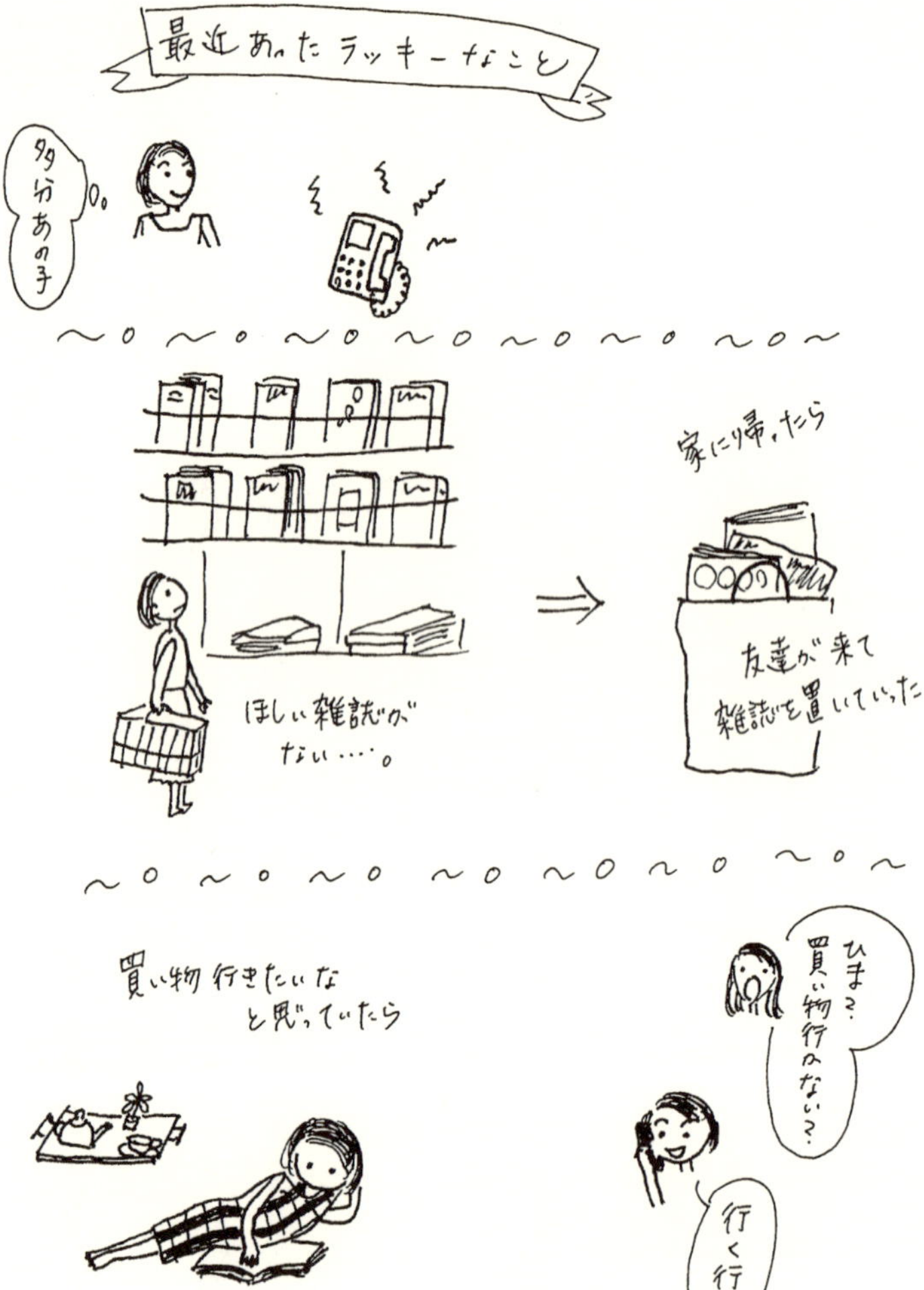
最近あったラッキーなこと
多分あの子
ほしい雑誌がない…。
家に帰ったら
友達が来て
雑誌を置いていった
買い物行きたいな
と思っていたら
ひまー?
買い物行かない?
行く行く〜

みんな守られているから大丈夫

では具体的にその意識の仕方ですが、「守護神、守護霊、守りのパワーはあるんだ」とただ思い込むのではなくて、「わたしは守られているから絶対大丈夫なんだ」という思い方で生活することが、一番良いと思います。

「絶対大丈夫」と心から思うと、それが自分の安心につながるからです。

「絶対大丈夫」と心から感じれば、不安になったり心配することもなくなります。

つまり、前作で書いたプラスのパワーにつながるのです。「神社や仏閣にお願いごとをする意味」についても書きましたが、あの気持ちにも通じます。

神社や仏閣にお願いしても、「大丈夫かな、うまくいくかな」といつまでも思っていたら全く意味がありません。「お願いしたんだから大丈夫」と安心して、不安や心配を心の中から追い出してこそ、お願いする意味があるのです。心の中にいつまでもマイナス（不安や心配）があったら、ものごとはそっちのほうへ流れていくので、それをなくして安心するためにするのです。
お参りをして安心するように、「自分は守られているから大丈夫」と思うことで安心感を持つのです。

今なにかで悩んでいても「絶対大丈夫だから心配する必要はない」と思っていれば、自分にとって良いほうへものごとは流れていきます。

二年前、留学先から戻ってきた時、これからなにがしたいのかどんな方向に進んでいけばいいのかわからない時期がありました。留学先で学んできたことも、それを活《い》かした仕事がすぐにあるわけではなかったので、「せっかく勉強してきたのになんにも形にならないのかなあ」と消化不良の状態でした。
そこで、「こんな時こそ『守られているから絶対大丈夫』と思えば本当にうまくいくかどうか試してみよう」と思ったのです。「絶対大丈夫」としっかり思って、もうそれについて悩んだりそのために動くのはやめることにしました。そのことについての考えも頭から追い出して、からっぽにしました。

すると、それから二、三か月後に、留学時代のことを本にする話が突然やってきたのです。自分でも本当に驚きました。

今振り返ると、待っている時期にわたしが努力していたことは具体的にはなにもありませんでした。前作の方法で精神レベルを上げることと、ただ「守られているから絶対大丈夫」と思って、その時目の前にあったこと（直接には全く関係ないこと）を一生懸命やっていただけです。でも、「絶対に守られているからうまくいかないわけがない」というくらい、強く心に思っていました。

それまでのわたしだったら、ひとりで焦《あせ》って具体的に動いてみたり、うまくいかないことで頭をいっぱいにして心配していたでしょう。

この経験をしてから、どうすればいいかわからない時は、ますます「絶対大丈夫」と思って精神レベルを上げて目の前のことに全力をつくすようにしました。

守られているから絶対平気、と思うことは強がりではありません。

わたしも「強がって、そう思いたいだけなのかも」と思っていた時もありましたが、守られているパワーの効果を現実に感じるようになってからは、「守られているんだから、とにかく自分の精神レベルを上げておけば、近いうちにうまくことがまわっていくだろう」というスタンスになってきました。

日常の小さなことだとあまり感じなくても、大きなことで経験すると、見えない力を感じずにはいられなくなるんですよね。

強がってそう思おうとしなくても、小さなことから大きなことまでいろんなものごとが本当に自分にタイミング良く動くようになるので、「絶対大丈夫」という自信が自然と生まれてくると思います。

天才と言われている人や芸術家や科学者さえも、目に見えない力を感じている

こうして守りのパワーの効果が現実に表われ始めると、「守られていることが当たり前」という気持ちになってきます。そして、守られているのが不思議なことではなく普通のことなので、それを口に出すこともふえてきます。

注意して聞いていると、自分を守ってくれているパワーの存在に気づいている人は、「大丈夫よ、守られているんだから」というようなことを、日常生活でも無意識に話しています。

言葉にはものごとをそっちのほうへ流していく力（言霊《ことだま》）があるので、このような人たちは「守られているから」ということを口に出すことで、ますます守りのパワーが強くなっているはずです。

すばらしい作品を生み続ける芸術家などの中には、「これは自分の力でやったのではありません、なにか見えない力につくらされていたんです」というようなことを

自然にコメントしている方たちがたくさんいます。美術家でも音楽家でも科学者さえも、その道を追求して極めている方々は、みなさんこれと似たようなことを口にしています。

一つの道に通じて、その極みに近づいている方々というのは、自分たちがなにかに守られていたり、目に見えないパワーに導かれていることをとっくにわかっていて理解しているだけでなく、それを生活の中に取り入れているのです。

このような力を感じている人は一般にもたくさんいるのですが、特に芸術家などは感性をとぎすまして仕事をする世界にいるので、普通の人よりは敏感になっています。だから目に見えたり感じてしまう人が特に多くなるのかもしれません。

守護神、守護霊の力を強める方法——感謝をする

自分の精神レベルを上げながら守護神、守護霊、守りのパワー力を借りて自分の理想の生活に近づいてきた時には、自分を守ってくれているものに感謝をすると良

いと思います。

感謝をすると、この力はますます強まるようなのです。

わたしたちは、毎日たくさんの選択をして生きています。

何時に起きるか、どっちの道から行くか、どの駅を使うか、どっちを買うか、どっちを食べるか、などなどの小さな選択の積み重ねで、自分の人生の方向は少しずつ違ったものになっていきます。

その小さな選択の違い、もしあっちの道を通っていれば…、もしいつもどおりの電車に乗っていれば…、もう少し早く起きていれば…こんなことにはならなかったのに、という小さなたまたまが重なって、事故や事件に巻き込まれることもあるのです。

二〇〇一年のアメリカの同時多発テロの時も、たまたまその日に限って貿易センタービルに行っていた人、普段は通らない道なのにたまたまそばを通りかかってしまった人、あと五分早くビルを後にしていたら巻き込まれずにすんだ人…というよ

いたので助かった人、などもいるはずです。

逆に、その日に風邪をひいて休んだ人、たまたま寝坊した人、出張で留守にしていたので助かった人、などもいるはずです。


東京にも毎日たくさんの交通事故や事件がありますが、一時間、一秒でもずれていたら巻き込まれていたという思いをした人も、たくさんいるはずなのです。

仕事の上でも、ほんの少し遅かったらうまくいかなかったこと、同じことをやっていてもあの人はダメだったのに、どうして自分はうまくいったんだろうというような時、それは自分のタイミングが良かったからですよね。相手が望んでいる時だったからこそ、うまくいったわけです。

恋愛だって同じです。たまたま相手に彼、彼女のいない時に出会っていたからうまくいった、あの時あの場所で出会わなかったら、あと一か月遅かったら結婚していなかったかもしれない、なんていう話はよくあることです。

このようなタイミングは、本当に人間の力ではどうしようもありません。

ですから、このような時に「ああよかった」と思うだけではなく、「自分は守られているんだ」と意識すること、さらに守ってくれたなにかに感謝することがものすごく大事なことなんだと思います。**ナイスタイミングで動けたこと、運のいいことが重なって成功したこと、これらはすべて守られていたからこそのことだからです。**

感謝している人としていない人とでは、同じ条件でもその人たちの人生は全く違ったものになっていくと思います。

毎日の生活に感謝をするってどういうこと？

自分の理想をかなえるために見えないものの力を貸して欲しかったら、いつも守ってくれているパワーに感謝をする、そうすればこの力はますます強くなる…。

でも、こうも思います。

「命に関《かか》わるような事件に間一髪でまぬがれてヒヤッとしたような人は、そりゃあ感謝もするだろう」

「自分の夢がかなったり理想が近づいてきた人は、ありがたいと思う気持ちにもなるだろう」

「でも、毎日繰り返される日常生活の中では、なにに感謝すればいいのだろう」

「守られているとしたら、こんな平凡な生活じゃなくて、もっと楽しいことや面白いことが起こるんじゃないか」

わたしも感謝することがどれだけ生活を変えるかわかっていなかった頃は、「毎日の生活に感謝しないよりはしたほうがいいに決まっているし、いろんなことがうまくいった時にはわたしだって感謝するわよ…」と思っていました。

でもこれは、**「なにもなく無事に一日を終えたっていうことが、実は充分感謝するべきすごいことなんだ」**とわかっていなかったから言えたことだったのです。

先日、父がゴルフに行く時に寝坊して遅れそうになり、車を飛ばしていてスピード違反でパトカーに捕まってしまいました。

「いつもは目覚ましが鳴る頃に自然と目が覚めるのに、今日はたまたま目が覚めなくて、こういう日に限って時計もたまたま壊れていて鳴らなくて、スピードを出して急いで走っていたら、いつもはいない所にたまたまパトカーがいて…」

滅多に起こらない小さな悪いたまたまが重なって重なって、大きな悪い結果になってしまう。いくらでも避けられる瞬間はあったのに、全部悪いほうを選んでそれがつながっていくと、小さな悪いたまたまが大きな事柄になる。ということは、「なにも起こらない」ということだって、良いたまたまが重なった結果なのではないでしょうか。

ちょっとでもずれていたら悪いほうに転がっていたかもしれないという瞬間瞬間に、良いほうの選択肢《し》を選んでいった結果なのです。

悪いことが起こらないほうが当たり前のように感じていると思いますが、確率的には同じことで、たまたま悪いことが起こらなかっただけなのです。

この間、ビートたけしの「アンビリーバボー」の番組で、カナダの飛行機事故の話をしていました。飛行中にガソリンがたりなくなって、緊急着陸をしなければならなくなったという実話です。

結果的に人身事故につながる惨事にはならなかったのですが、飛行中にガソリン

たまたま
良い方を
えらんできた
だから
なんにも
起こらない

不足になって操縦不能になったのも、元をただせば本当に小さな小さなミスが原因でした。たとえそのミスがあったとしても事故を防げる方法はいくらでもあったのに、滅多に起こらない小さなミスが三つも重なって、このような事件に結びついてしまったらしいのです。後で考えると本当に運の悪いほうを選択してしまった結果、何十年も経《た》った後まで語り継がれるような大きな事故につながったわけです。

朝、家を出て、なにごともなく無事に帰ってきたということは、実はすごい確率で危険を避けてきた結果で、守られているからこそなにもなかったのです。

でも一般的に、人は悪いことが重なった時の印象のほうを強くよく覚えているので、なにも起こらなかった無事な日には感謝するどころか、「今日も平凡な一日だった」なんて考えてしまいます。

守られているからなにも起こらずにすんだということに、気づいていないのです。

事故が起こるのも起こらないのも同じ確率なのに、なにも起こらないのが当たり前とみんなが感じているということは、現実に事故が起こることのほうが珍しいからですよね。

つまり、なにも起こらないのが普通に感じるほど、守護神、守護霊(守りのパワー)はいつもいつも守ってくれているということだと思います。

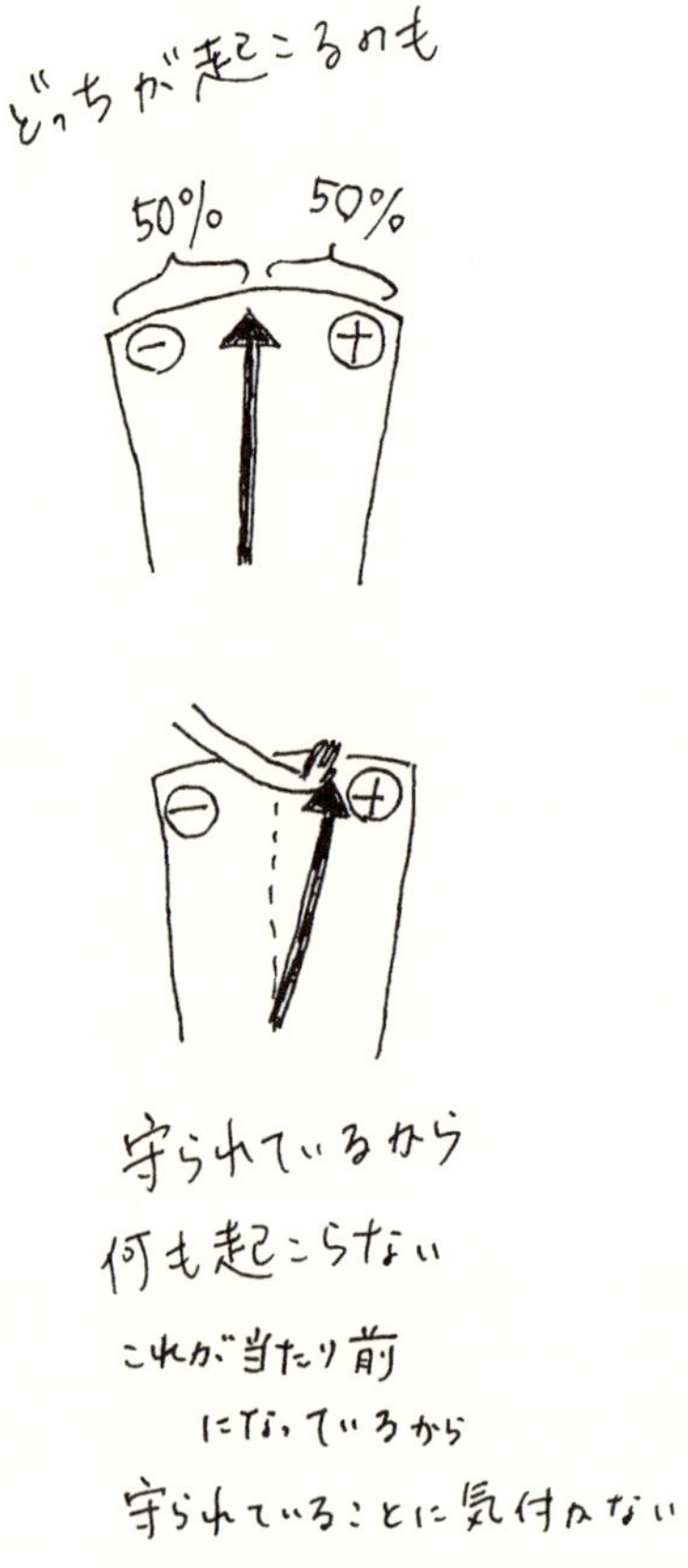
どっちが起こるのも
50%
50%
−
+
−
+
守られているなら
何も起こらない
これが当たり前
になっているから
守られていることに気付かない

ハプニングが起きた時にも、ちゃんと守られている

わたしたちは、いつも守られています。ハプニングやトラブルが起きた時でさえ、です。

先週、大切な待ち合わせに遅れそうになって走っていた時のことです。

ふと気づいたら、ストッキングが両足とも伝線していました。

「急いでいる時に限って…」とガックリしていたら、駅前で試供品のストッキングを配っていたんです。

こういう小さな運のいいことも、守りのパワーを意識するようになってから起こるようになったことです。

昨年、友だちのお姉さんが交通事故に遭いました。

頭を強く打って、意識のない状態で近くの病院に運ばれたそうです。

そうしたら、いつもはいないのに、たまたま脳外科専門の先生が用事があって来

ていたので、すぐに緊急手術をすることができたそうです。

事故に遭ったその時に、ちょうどその先生が来ていた。守られていたからこそ、ですよね。

ハプニングやトラブルが起こると、起きてしまったことに対して後悔したりいらいらしたり、それで頭をいっぱいにしてしまいがちですが、こういう時も、守護神、守護霊の力はあるのだと思います。気づけないだけなのです。

父のスピード違反の話も、パトカーに捕まったことは確かにいやなことかもしれませんが、そのまま猛スピードで車を飛ばして走っていたらどうなっていたでしょう。

事故だって起こしかねません。本人が怪我《けが》をしていたかもしれないのです。

事故を起こす前にパトカーに止められて良かった…、パトカーに捕まったことでさえ、感謝すべきことなんだと思います。「調子に乗っていると事故を起こしますよ、気をつけて」と教えてくれたんです。

これは、物事を良いほう良いほうに捉《とら》えるように頑張って、現実から目をそむけるというような消極的な考え方ではありません。

精神レベルを上げると、その時の自分に必要なことを見えないなにかが教えてくれるのだと思います。それを、今の自分に必要な情報だと気づけるかどうかです。

なにも起こらない日こそ感謝をするべき――それはなぜか

今の自分に満足して感謝をするということは、向上心がないとか、いやなことを我慢するということではありません。

宇宙、生命、人間の原理について説き続けた中村天風さんは、「真の幸福は現在感謝を実行する」と言っています。

また、その著書『心理のひびき』には、

「現在活《い》きていられることを感謝することに心を振り向けるべきである。するとそうした心がけそれ自体が、幸福を招いている原動力となるのである」

とあります。

自分のまわりには、自分の心の状態と全く同じことがやってくるわけですから、現在の自分の状況に「ありがたいなあ」と満足して心から感謝すると、また感謝できるようなうれしいことが現実にやってくるということですよね。

そう、単純なことなんです。

例えば、自分の子供に欲しがっていたおもちゃを買ってあげたとします。

買ってあげた直後は、誰でも大喜びするはずです。

でも、だんだんとそれが当たり前になって、もっともっとほしいと言い出したら、親はどう思うでしょう。「この間買ってあげたばかりなのに、これを当たり前と思ってはいけません」という気持ちになると思います。

もしその子が、「ありがとう、買ってくれて本当にうれしい」といつまでも満足して大切にしていたら、親は「こんなことでそんなに喜んでくれるなら、また買ってあげよう」という気持ちになるはずです。

目には見えない心の動きですよね。その子が感謝していたから、もっとうれしいありがたいことがめぐってくるわけです。感謝をすることが、精神レベルを上げることにつながったのです。

だから感謝をすることは、結局は自分の幸せをふやしていることになります。**自分の毎日に心からありがたいと思えると、次の幸せなことがめぐってくるはずです。**

だからなにも起きない普通の日こそ、感謝をして精神レベルを上げるチャンスだと思うのです。

だって、なにかがうまくいった時や望みがかなった時や危険を避けられた時などに感謝をするのなんて、して当たり前のことなので、自分のプラスのパワーの量はたいしてふえません。こういう時に感謝しても、して現状維持、しなければ減量です。

試験期間中に勉強したって、みんながやっているからたいして変わりませんが、なにもない時に勉強している人は目立って成績が上がるのと同じです。

わたしはクリスチャンではありませんが、キリスト教の学校で育ったので、小さい頃は毎日お祈りをしていました。

キリスト教だけでなくいろんな宗教のお祈りには、「今日も一日ありがとうございました」という言葉がありますが、今ではその意味がよくわかります。「すべてのことについて感謝しなさい」という言葉もありますが、あれも本当に理にかなってるなあと感じます。

めざしているもの、理想の生活、かなえたい夢、今まで以上に自分の望みをかなえたいと思ったら、とにかくまず、今の現状と守ってくれているものに感謝をする、そうすれば、守護神、守護霊はますます見えない力を発揮してくれるはずなのです。

これを知らなかった時の自分を振り返ると、自分の理想をかなえる方法が、実はこんなに身近なところに転がっていたのに気づいていなかったなんて、なんてもったいなかったんだろうと思います。

みんなが守られているとすれば、なぜ人によって起こることが違うのか

みんなが同じように守られているとすれば、どうして人によって起こることが違

うのだろうと思いませんか？

それは、守護神、守護霊、守りのパワーも、その人の精神レベルに応じたものを持っているからです。**高い精神レベルの人には同じように高いレベルの守護神がいるので、守りの力も強いのだと思います。低い人には低いなりの守護神しかいないのです。**

その人のまわりのことがとてもうまくまわっている（守られているから）としても、それはその人の精神レベルの高さなりにまわっていることです。下の人が上のレベルにいる人たちを見たら、自分よりもっとラッキーにまわっていると感じます。

上は上、下は下のレベルで守られている、だから同じように守られていても、結果に差が出てくるのです。

先月、弟がスポーツジムに行っている時に、警察から家に電話がかかってきました。

「車が路上駐車されていて、動かさないとレッカーされますよ」

母はすぐスポーツジムに電話して弟を呼び出してもらおうとしたのですが、呼び出しの放送はできないことになっていると言われたので、警察官に状況を話し、少し待ってもらうように電話しました。

「自分の責任だから、間に合わなくてレッカーされても仕方ないわね」

と話していたのですが、それから三十分ほどたった頃に、またジムの人から電話がかかってきて、

「警察が来たので呼び出しの放送をしました。今、息子さんが車の移動に行かれたので大丈夫ですよ」

と言われたのです。

わざわざ車の持ち主を調べて家に連絡し、ジムにまで行って探してくれた警察官、その状況をこちらに知らせて安心させてくれたジムの人…、ありがたいことだなと思いました。

弟もそう感じたらしく、知らせてくれた警察官に心からお礼を言ったそうです。おまけに、注意されただけで駐車違反のキップさえきられなかったというのです。

その時の弟の精神レベルがもう少し低かったら、キップをきられていたかもしれ

ません。もっと低かったら、はじめに知らせることもなくレッカー移動されていたでしょう。逆にもっと高かったら、いつも停めている駐車場が満車ではなかったかもしれません。

どちらにしても、その段階のレベルにいる人にとってうまくまわるように、しっかりと守られているのです。だからやっぱり感謝することですよね。

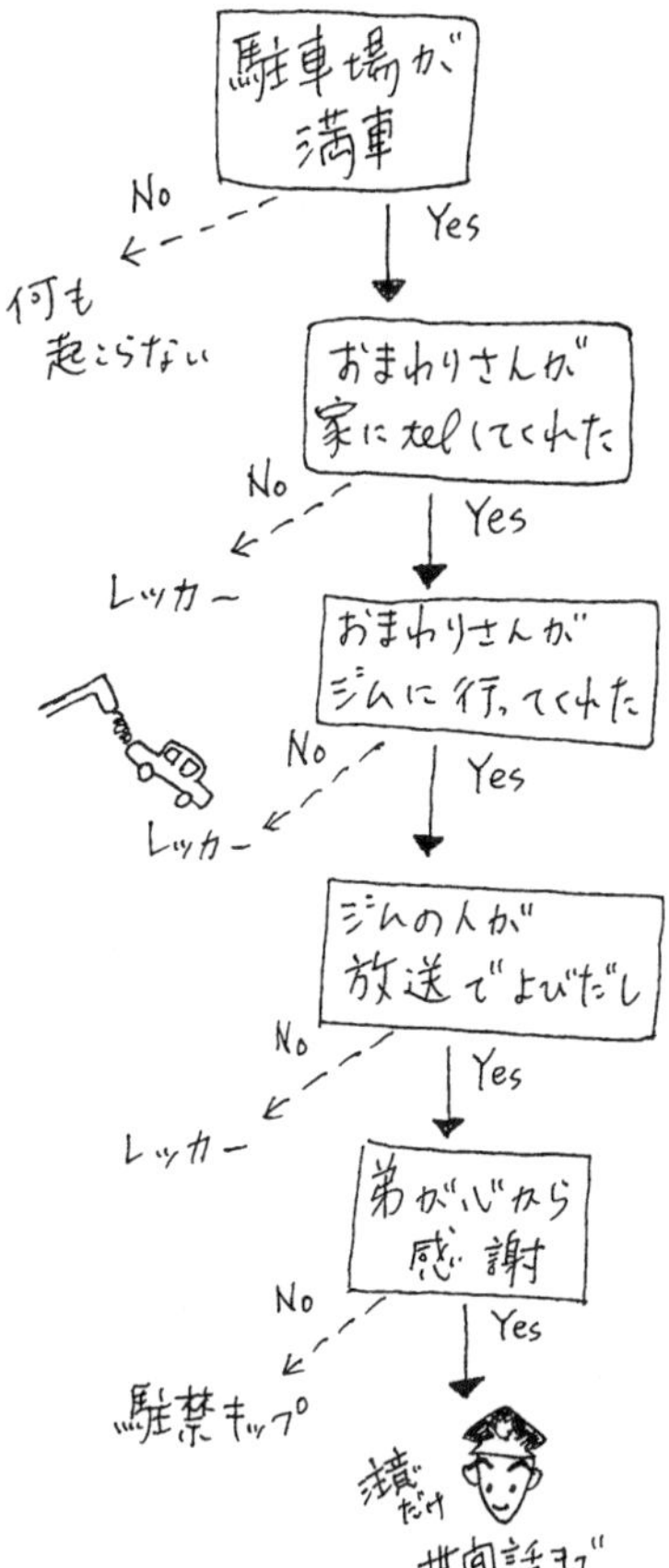
世間話までしたらしい

気持ちの通じる理想的なお祈り、お参りの仕方

ここで、ふと思うことがあります。

人はみんな、神社やお寺や教会などに行くと、宗派に関係なく、信者であってもなくても、とにかく手を合わせてお祈り(お参り)をします。

わたしも以前は手を合わせた後、ついすぐにお願いごとを言っていましたが、いつも守ってくれている見えない力の存在を実感するようになってからは、自分の望みから話し始めるお祈りは違うんだろうな、と思うようになりました。

例えば、人(特に目上の方)に会った時に、挨拶《あいさつ》もなしにすぐ自分の希望や頼みごとを話し出したりは絶対にしませんよね。

まずは挨拶の言葉があって、それから最近の近況報告をしたり、お世話になっている方でしたら「おかげさまで」という感謝の気持ちを言ったりしますよね。

それと同じで、神社やお寺や教会や、なにか神聖なものにお参りする時も、目上

の人にお話しするようにすればいいんだなと思うのです。

まずはご挨拶、それからいつも本当にお世話になっているのだから「ありがとうございます」の感謝の言葉、そして今の状況やお願いごとですよね。

そのお願いごとの仕方も、「いつも充分守ってもらっていてありがたいと思っています」という心でお願いするべきで、さらに「～してください」「なんとかこうしてください」と言うのではなく、「自分の精神レベルに合った流れができますようにお守りください」という話し方が、一番気持ちの通じるお祈りの仕方だと思います。

それから、お世話になっている人にうまくいったら報告をするように、良いことがあったりなにかが成功した時には、お礼の気持ちを「おかげさまで、ありがとうございました」と伝えなければいけない、とも思います。

目に見えないなにかに心を伝えるのも、普通の人間に心を伝えるのも同じことだと思います。

だから目上の人に会った時と同じように、「こんにちは」と話しかけるようにすればいいし、相手に粗相《そそう》のないような話し方でお参りすればいいんだと思います。

まずは感謝とお礼を言わせてもらい、自分のまわりだけでなく世界中の人たちの平和をお祈りし、最後に自分のお願いごとがあるのならお願いをする、そしてお願いをした後は、そのことについて考えるのはすっぱり忘れて自分の精神レベルを上げる、これが理想的なお祈り（お参り）の仕方だろうなと思います。

第3章

邪霊は本当にいるの？　いるとしたらどんなもの？

守られているはずなのに、うまくいかないのはなぜ？

「悲惨なことが続くのでお祓《はら》いをしてもらったら、昔その場所で悲惨な死に方をして怨《うら》みを残している霊が邪魔をしていた」

「事故や病気になりやすかったのは、悪霊がとりついていたからだった」

このような特集を、よくテレビでやっています。こういうものが本当にいるとすれば、わたしたちに悪い影響を与えているものなので、できれば関《かか》わりたくありません。

でもここまで力の強い悪い霊にとりつかれていることは、自分のまわりを見渡してもめったにないでしょう。だからたとえこういう強い悪霊がいるとしても、毎日の生活の中で気にするようなことではないと思います。

では、普通の生活の中でわたしたちに悪い影響を与えるものがなにもないかというと、そういうわけでもありません。

わたしたちを邪魔しようとしているものはどこにでもあって、誰にでも影響を与えているのです。

これを「邪魔をする」という意味で、「邪霊」と呼ぶことにします。

守護神、守護霊がすべての人にあるように、誰でも前世や現世で罪を犯していない人はいないので、大なり小なりこの影響を受けています。でもだからと言って、いつも心配しなくてはならないというものではありません。

その人がもともと持っている心、精神、意識、魂などを、自分本人の霊ということで「本霊」と呼ぶとすれば、先ほど書いた守護神、守護霊は、本霊を守って助けてくれているものです。本霊と守護神、守護霊だけなら、なにも問題はないのですが、人間は、守護神、守護霊と同時に邪霊の影響を受けている場合もあるということです。

かなえたいことに対して具体的に努力しているし、精神レベルを上げる生活もしているし、守ってくれているものに感謝もしている。それなのにすんなりうまくいかない…。

日常生活ではだんだん運のいいことばかり起こってうまくまわってくるようになったのに、かなえたい肝心なことはなんだかうまくいかない…。かなり近づいたけれど、あと一歩のところでうまくいかない…。

こういう時もありませんか?

これは邪霊が邪魔をしているからかもしれないのです。

誰でも邪霊の影響を受けるとは限らない

邪霊も、守護神、守護霊と同じように、その人になんらかの縁の深い場合が多いようです。

この縁が良い場合は守護霊などの守りのパワーになり、悪い因縁の場合は邪霊になったりすることが多いようです。良い縁の守護霊がいるとすれば、悪い縁の邪霊というものもいて当然という気がします。

邪霊も、守護神、守護霊と同じように誰にでもあるものです。特殊な悪人にだけついていて影響を与えているものではありません。過去に罪を犯していない人なんていないので、すべての人が少々悪い縁のある弱い邪霊の影響を受けているし、それが普通のようです。

でも、ほとんどの弱い邪霊は自分の本霊が強ければ全く影響はないようです。影響を受けないでいるので、いることに気づきもしないぐらいです。

本霊を強くするとは、精神レベルを上げることです。

精神レベルが高く本霊がしっかりしてくると、邪霊は居心地悪く感じて、自然と離れていきます。

または活動できずに息をひそめてしまって、わたしたちに影響を与えることはできません。

それにわたしたちには、邪霊と同時に守護神、守護霊、守りのパワーもあるわけですから、少々の邪霊を持っていてもなんの問題もないのです。

昔その場所で殺戮《さつりく》や戦いがあったような悪い因縁《いんねん》のある土地や場所にいたために、その人には関係のない邪霊がとりついてしまったような話もありますが、その人の本霊が弱々しく、精神レベルが低いから影響を受けるのです。
精神レベルが高くて本霊がしっかりしていれば、そんなものは気にしなくていいはずです。

邪霊というのは、成仏《じょうぶつ》できずにマイナスの力をもって人間の邪魔をしているものなので、本来ものすごくレベルの低いものです。だから、同じような精神レベルの低い人に引き寄せられて、とりついてしまうのです。

そこいらじゅうにいっぱいいる弱い邪霊も、本人が精神レベルを高く維持していれば活発にはならないし、邪魔をされることも、ましてとりつかれるなんてことは絶対ないはずです。

だから、最近のテレビの影響で「わたしがうまくいかないのは、邪霊がついているからではないか」とすぐに考える人がいるようですが、それは違うと思います。

邪霊も、結局はその人の精神レベルに応じたものと関《かか》わるので、自分の精神レベルを上げておけばふりまわされることはないのです。

邪霊が邪魔をするのはどんな時か

邪霊が邪魔をする時があるとすれば、その一つ目は「精神レベルが下がっている時」です。

邪霊は、本霊が強くてしっかりしている時は、守護神、守護霊、守りのパワーにガードされて息をひそめていますが、精神レベルが下がると影響を受けやすくなるようです。

例えば、自分の夢やかなえたいことが少しずつ成功してきた時に、感謝を忘れて、全部自分ひとりの力でやってきたと思っていたとします。

こう思っていると、感謝がたりないので精神レベルが下がります。守護神、守護霊の力も弱くなります。うまくいかないので不満を言い出したりすれば、ますます精神レベルが下がります。

すると、それまでは影をひそめていた邪霊の影響を受けるようになるのです。

いつもだったら、その邪霊を防ぐような守護神、守護霊、守りのパワーの力がありますが、感謝を忘れているので精神レベルが下がって守護神、守護霊の力も弱まっている。そのために邪霊が活発になるわけです。

活発になった邪霊＋力を発揮しない守護神、守護霊のために、タイミングのずれが起こり、まわりのことがうまくまわらなくなってくるのです。

強く活発になった邪霊は、邪魔をするのが目的なので、わたしたちが望んでいることを懸命に邪魔し始めます。すると、人間であるわたしたちには、「なんだかタイミングが狂って」というように感じるわけです。

こういう時に、こうなってしまったのは自分の精神レベルが原因だと気づけば簡単にもとの波に乗ることができますが、「わたしは悪くないのにどうして…」とか「あの人がいけないんだ」といつまでも考えていると、ますますレベルが下がっていって、ますますうまくまわらずにはまっていく…という結果になるのだと思います。

精神レベルが下がること、邪霊に邪魔されること、守護神、守護霊が力を貸してくれなくなることは、みんな関係のあることなのです。

動けない……
本霊

精神レベルが下がってくると…….
守りの力も弱くなる

かなえたいことや夢への執着が強すぎる時

邪霊は、邪魔をするのが目的です。

だから、人間のわたしたちに「なにがなんでもこれでなくてはいやだ」と思うことがあって、それが強ければ強いほど邪霊が邪魔をしたくなるのです。

つまり、邪霊の影響を受けないようにしたいなら、邪霊が邪魔をしようとするものをなくせばいいわけですよね。

一言で言うと、ものごとに対する「執着」を取り除けばいいのです。「絶対こうでなくては…」という執着がなくなれば、邪魔のしようがないからです。

ところで、「執着」って、一体なんでしょうか?

広辞苑（岩波書店）には「強く心をひかれ、それにとらわれること。深く思い込んで忘れられないこと」とありますが、いけないことなのでしょうか?

いろんなえらい人たちが「ものに執着するな」とか「執着のない心豊かな人生」とか言っているのを聞いたことがありますが、執着のない人なんていないですよね。

確かに、なにかに執着するとそれが絶対に最高だと思ったり、それ以外のことは考えられなくなってまわりが見えなくなります。でも逆に執着があるということは、それが自分の中でどうしても譲れない大切なことだからなので、執着のない人は人間ぽくない、とも言えます。

執着は、目に見える物質的なものに対してだけではなく、対人間、仕事、地位、名誉などにもあるのです。

自分がかなえたいという思いがはたらけば、そこには少なからず執着が生まれるのです。

人間に対する執着は、愛情、憎しみ、恨み、つらみ、嫉妬《しっと》など、良い感情から悪い感情まで幅広くあって、一歩間違えばどちらにもなり得るものです。親が子供を思う自然の愛ですら、行きすぎれば子供の主張を無視した執着となるし、男女間の愛情が行きすぎれば、執着を通り越して事件にまでなることもあります。

日常のまわりで起こるさまざまな事柄、ああなってほしい、こうなってほしいという気持ちも、度を越せば「執着」です。

結局、なにかを思う気持ちは、どんなものに対してでも行きすぎると「執着」になるようですが、生きている以上これらの執着をみんな捨てるなんて無理ですよね。自分の中でこれだけは…、とこだわることがあってもいいはずです。日常の小さなことについても、ああなりたい、こうなってほしいという気持ちがあるからこそ、そこからやる気やファイトが起こってくるんですよね。

なにかにこだわってかなえたいという思いが精神レベルのアップにつながることもあるので、「執着が悪い」ということではないはずです。

ですから「執着を取り除く」ということは、絶対こうしたいと思うことをつくらないようにする、ということではなくて、「自分の中でこれだけはどうしてもと思うことに対しての考え方、心の持ち方を変える」ことだと思います。

絶対こうなりたい、と思いながら執着を取り除くには

絶対こうなりたいという思いを抱えて、しかもそれが執着にならないようにするのは難しいことです。

でも、こう考えればどうでしょう。

ここに右と左の二つの道があります。

わたしは右のほうがいいなと思っていて、いつもいつも「なにがなんでも右へ行きたい、左なんて考えられない、どうしても右でなくちゃ…」と思いながら生活しているとします。

邪霊にしてみれば、わたしがどうしてもどうしてもと思えば思うほど邪魔をしたくなるでしょう。わたしを苦しめよう、困らせようとしているわけですから、なんとかして左に行かせようとするはずです。

そこでわたしのほうは、せっかく精神レベルを上げているのに、あと一歩のとこ

ろでなんだかうまくいかなくて、残念に思ったり悲しかったりするわけです。

でも、もしわたしが、「右でも左でもどっちもいいかもしれない」と思っていたら、邪魔のしようがないですよね。

これが道ではなくて、対物だったり対人間だったり対仕事だったとしても同じことが言えると思います。

だから、**邪霊に邪魔されないためには、「強いて言えば右がいいけど、まあどちらでもいいかな」という捉《とら》え方でいればいいのだと思います。**

「どっちでもいい」と思えば、執着が取り除けます。

執着が取れれば、邪魔をされることもなくなるでしょう。

よく「どっちでもいいと思ったら、かえってうまくいった」「そのことを忘れた頃になって、最初の希望どおりになった」というような言い方をするのを聞きますが、それは、なにがなんでも…という執着が取れて、邪霊が邪魔をするものがなくなったためにうまくいった、ということだと思います。

執着を捨てて望みをかなえる方法

ＡとＢがあって、どうしてもＡの方向で進んでほしい時、まずは心の中で「まあ、どっちでもいいかな」と思うことです。

でも、「どっちでもいい」と言いながら、本当はＡがいいわけですから、その気持ちまでなくしてしまわなくていいんです。

ではどうすればいいかというと、**「自分にとってＡのほうが良ければ、きっとＡに行くような流れになるに違いない」と確信をもって思うことです。**

そう思って、あとは精神レベルをアップすることに専念するのです。

そうすると、（今までたくさん書いてきましたが）精神レベルアップのためにやっていた行いがＡやＢに全く関係なくても、自然とＡの方向で話が進むことになったりして、ふと気づけば自分の思いどおりになったという結果になります。

片方でたまったプラスのパワーが、別のことにも使われだしたからです。

でも、こういううれしい結果になるには、「そのことを忘れた」ぐらいにまでならないとダメなようです。わたしもいろいろと試したのですが、精神レベルを上げながらも、「こうしていればAになるだろう」と、まだ心の中で考えているうちは全く効果がありませんでした。

と言っても、何年もかかるということではなくて、「本当にどっちでもいいんだよね」と心から思えば、一か月後でも答えは出ます。

それこそ精神レベルの高い人は簡単にできるので、なにかがうまくいくサイクルも早く、それをまわりから見ていると「なんでもかなう」とか「運がいい」というイメージを持たれるのです。

本当はAを望んでいるわけですから、考えるのをやめようやめようと思うのは難しいでしょう。だから、**「当然望むほうへ進んでいくだろう」と、はじめからそうなるのが決まっているように考えるとうまくいきます。**本当にそうなるのがわかっていれば心配もしないし、考えることもなくなるからです。

「どっちでもいいと思う…」というのは、それを目指すのをあきらめて投げやりでもいいということではありません。なるようになる、つまり自然の流れにまかせたということです。

精神レベルを上げていくと、そのレベルにふさわしい自然の流れがやってきます。だからほうっておいても、自分の望んだ方向へ流れていくのです。

邪霊に邪魔されるものがない状態で自分の精神レベルを上げれば、そのレベルに合った自然の流れがやってくるので、Ａに行くために必死にならなくても、ふと気づけば自分が本当に望んでいた方向に流れているはずです。

こっちのほうが絶対良いと決まっていることは、ほとんどない

先ほど「まずは、どっちでもいいかなと思うこと」と書きましたが、慣れないうちは簡単ではありません。

小さなことならできます。

本当はあっちが欲しかったけど、まあこっちでもいいかなとか、今日はあのレストランに行きたかったけど、また次の時でもいいかな、なんていう程度のことは誰にでも思えることですが、自分の人生を変えていくかもしれないというようなことに対しては、こうは簡単に思えないでしょう。人生が変わっていくかもしれないと思うからこそ、かなえたいと思う力は強くなるし、その思いが強いからこそ、いきすぎれば執着につながりやすいのは当たり前です。

でも、この世の中のことで「絶対に、なにがなんでもこっちのほうが良くてあっちはダメ」と決まっていることなんてあるんだろうか、と考えたことはありますか？

運転している時に、渋滞を避けるために裏道を行くことがよくあります。

先日も裏道を通ろうとしたら、曲がったその道まですごく混んでいました。

急いでいたわたしは、走りながらいろいろと考えました。

「この道は表通りより走る距離が長いから、同じぐらい車がいるんだったら表通りのほうが直線だし早かったかも…」

「急がば回れで、いつもの道を通れば良かった」

「でもやっぱり表通りよりはましかな…」

などなど…。そして最後に、

「近道して早く走れてよかった、と思うことにしよう…」

と思った時にハッとしたんです。

本当にその道を通ったほうが早かったかどうかは、両方を同時に試さないとわからないんですよね。でもそんなことは不可能ですから、「これで渋滞にはまらずにすんだ、よかった」と本人が満足して通りすぎれば、それでいいわけです。

人の環境にしてみても、両方の立場になってみなければ、どちらのほうが幸せかということは本当にはわかりません。すごく楽しそうだなと思っていたけれど、いざ同じ環境になってみたら、それまではわからなかった大変な部分があることもあるし、どっちの環境にも違う種類の楽しいことがあるのです。

あっちを選んでいたらもっと幸せになったかもしれないと思ったとしても、そっちを体験したわけではないから、本当にはわからないのです。

差があるとすれば、その環境になった時のその人の心の持ち方です。

格式がある家にお嫁に行った友だちが、家に遊びにきた時のことです。

テレビで「天までとどけ」の再放送をやっていたのですが、それを見て友だちが言いました。

「この子だくさんの家庭とわたしと、どっちが幸せかなあ」

わたしはびっくりしました。

経済的に不自由なく幸せそうな結婚生活をおくっている彼女ですが、格式や家に縛《しば》られている家庭が窮屈で仕方ないらしいのです。

最後には、「もっと平凡な人と結婚してれば気楽だったのに…」とまで言い出す始末でした。

その状況にその人が満足すれば幸せですし、満足して感謝していれば次の素敵なことがめぐってきます。いつも別の状況をうらやましく思っていれば、また次も、うらやましく思う状況が現実にやってくるのです。このような人は、どっちの道を選んでも同じように後悔するはずです。

だからどっちが確実に良いかどうかは、両方を同時に試すことはできないからわからないのです。

どちらの道を選んだとしても、結局は自分の思い方次第です。

こう思うと、執着しなくちゃいけないものって全くないとは言いませんが、すごく少ないと思いませんか？

同じ精神レベルで迷うことは、どっちを選んでも大差ない

同じ精神レベルの中で迷うことは、どちらを選んでもほとんど差はありません。

一見差があるように感じても、「Aを選んだからすごい幸せが待っていた、Bをとったら悲惨なことになった」というような大差はないと思います。

その精神レベルで無理なことは、はじめから選択肢《し》の中に入っていないからです。

その精神レベルでは分不相応のすごく良いこと、そのレベルには不似合いな不幸なことは、どっちの選択肢にも入っていないので、心配することもないし、逆によけいな期待もしないほうが…ぐらいに思います。

「すべては精神レベルの高低で決まってくるので、同じレベルではどっちをとっても大差ない」

これがわかると、ますます執着は取れていくはずです。

わたしは大学を卒業してからロンドンに留学したのですが、本当は大学三年の終わり頃からイタリアのフィレンツェに行く予定で、いろいろと準備をしていました。ところが、当時コソボ紛争が激しかったので、難民がイタリアにふえてきていたことと、ＮＡＴＯの基地がイタリア南部にあったために急に治安が悪くなったことなどから、イタリアにいる知人が「時期をずらしたら？」と言ってきたのです。

安全になるまでイギリスへ行って、それからイタリアへ行くか、予定どおり今すぐにイタリアへ行くか、ずいぶん迷いました。

「紛争がいつ終わるかわからないし、イタリア自体が戦争をしているわけじゃないし、ずっとイタリア語を勉強してきたんだから、イタリアにするべき」

「時期をずらすだけなんだから、危険と言われているところに今わざわざ行くことはない、勉強したいと思っていたことも、イギリスでだってできる…」

などなど、いくら考えても、どちらにも同じぐらいメリットとデメリットがあってわからないので、「それなら、なんの妨げもないイギリスにしよう」と思ったのです。

でも決めてからも、しばらくの間「これでいいのかなあ…」と思っていました。ちょっと時期をずらすだけとわかっていましたが、やる気満々の時に出鼻をくじかれるとがっかりするものですよね。

そんな心境で行ったイギリスでしたが、行ってみたら、ひょんなことから、これから一生たずさわっていきたいと思えるやりがいのあることが見つかって、結局、あの時無理してイタリアに行かなくても良かったんだな、と心から思える結果になりました。

あの時のわたしのレベルでは、イタリアでもイギリスでも一緒だったんだと思います。イタリアに行っても、同じような方向の目標を見つけていたと思います。

つまり、考えて迷ってそれでもわからない場合は、どっちでもいいということです。ものすごく考えてAを選んだとしても、なんとなく感じてBを選んだとしても、結果にたいして違いはない、ということです。

「こっちのほうが絶対～」ということってほとんどないので、「どっちでもいいよ」と思うと本当に楽だし、いつのまにか執着もなくなります。

やってくることで、意味のないことはない

精神レベルを上げると、すべてその人にとって結果的に良くなるような方向にものごとが動いていきます。「え…、これはなんの意味もないのでは…？」と無意味に感じても、後から振り返ると、「本当に意味のないことはなかった」という結果になるはずです。

どんな時でも、やってくる話、ものごとは、その時の自分に必要な情報なのです。だから、やってきた情報どおりに流れるようにやっていったほうがうまくいく、ということになります。

ロンドンに行ったばかりの頃は、イタリアで学ぼうと思っていたことと同じ分野のことをやろうと思っていました。でも流れにまかせていたら、「自分が本当にやりたいこと、心から楽しいと思うことはこっちなのかも…」と感じる情報がどんどん

やってきたのです。

そのワクワクすることとは、「ソフトファニッシング」という室内の装飾備品（インテリアの布を使う分野）をアレンジしたりつくったりする技術だったのですが、あの頃はとにかくそれに関係のある話ばかりが耳に入ってきました。

イギリス人の家に遊びに行ったら、部屋のインテリアがあまりにもすてきで頭から離れなくなったり、突然ソフトファニッシングの本をもらったり、パッとテレビをつけたらソフトファニッシングの特集をやっていたり、新聞や雑誌にソフトファニッシングの学校の記事が載《の》っていたり、これでもか、というほど関係のあることが集まってきたのです。

そしてある日、本屋でハッと惹《ひ》きこまれるようなソフトファニッシングの本を見つけたので、これはもう流れのままにそれをやるしかないと思いました。

今振り返って、やってきた情報を信じて流れにまかせて正解だったな、と心から思います。

一番はじめに自分のかなえたいと思う理想があって、それをかなえるために一生懸命努力して精神レベルも上げて、その結果、少しずつ現実化されていく…、ところが目標に向かって努力している過程で、突然今まで目指していることと全く違う分野に興味が湧《わ》いてきたり、はじめに考えていたことと違うほうへ話が進んだりすることも出てきます。

これも、精神レベルを上げた結果、その人にやってきた貴重な情報なのです。

つまり、**途中で予想外の方向へ流れていくのは、「その人には本当はこっちの道のほうが向いているよ」とか「そっちもいいけど、こっちもいいよ」ということを知らせてくれているのです。**

まるでレベルが上がったご褒美《ほうび》のように、「こうしたほうがうまくいくよ」と教えてくれているのです。

その時その時に耳に入ってくることは、すべてその人に必要な、やって損のない情報なので、意味のないことはひとつもないと思います。

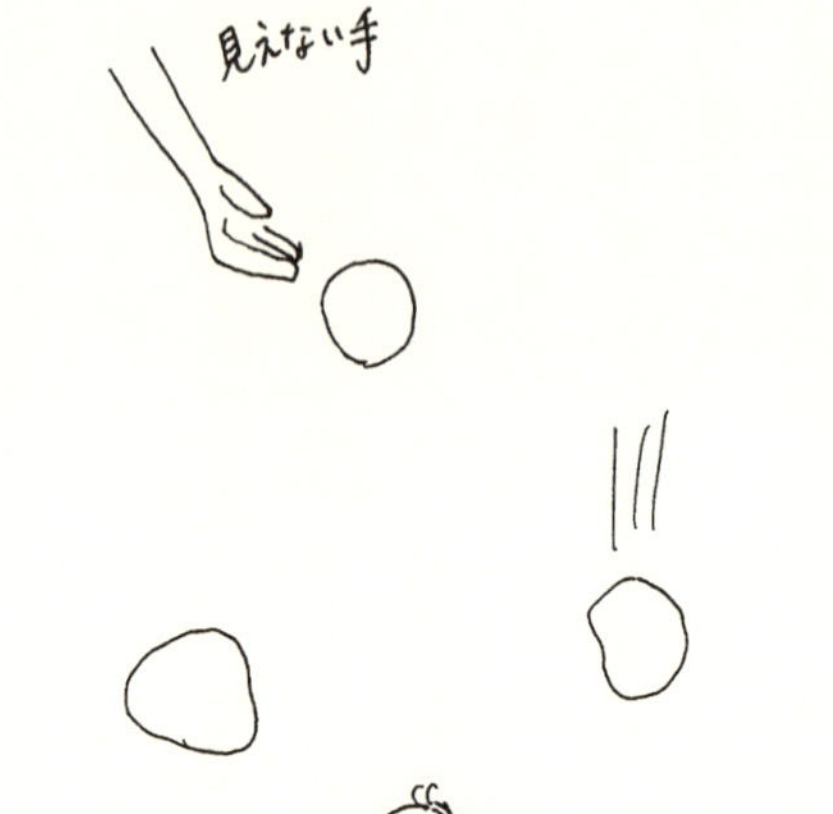
見えない手
自分のまわりには
情報だらけ

迷ったら、ほうっておけば答えが出る

迷った時は、しばらくそこから離れてほうっておくと、どっちにすればいいのか自然と答えが出ます。

だから小さなことでも大きなことでも、情報がやってくるまで安心していればいいのです。

こんな楽な方法はありませんよね。

先週のことですが、転勤で愛知に住んでいる友だちから、「遊びに来ない？」と電話がかかってきました。

気持ち的には行きたかったのですが、今月中にお互いの予定の合う日が一日しかなかったのと、その日の前後がとても忙しかったので、

「日帰りするには遠いし、行き帰りひとりなのもつまらないし、次の日も朝早くに出かけなければならない用事があるし…、やめようかなあ…、でも次はいつ会える

かわからないしなあ…、どうしよう…」

と、迷っていました。

でもここで「ああ、待っていれば答えが出るんだった」と思い出したので、ほうっておくことにしたのです。すんなりと行ける情報がきたら行こう、なにも情報がこなかったら忙しすぎるのでやめよう、と思って待ってみました。

数日後、実家が名古屋にある学生時代の友だちから、久しぶりに電話がかかってきました。

いろいろ話しているうちに、なんと、わたしが友だちに会いに行こうと思っていたその日に、その子も名古屋に帰る予定だと言うのです。しかも、親戚の集まりのために帰るらしいのですが、次の日は仕事なので日帰りすると言うのです。

「よし、答えがきた」とすぐに思いました。これで友だちにも会いに行けるし、行き帰りもひとりじゃない、久しぶりの友だちにいっぺんに会えるのです。

情報がくるのを待ってみてその流れにのるコツを一度つかむと、ますます頻繁《ひんぱん》に情報に気づくようになるので、本当に面白くなってきます。「どっちの答えがくるかな」「なにを通してどんな内容の情報がくるかな」と楽しみになります。

そして、どうやら精神レベルを上げれば上げるほど情報がくるのが早くなって、「これはあのことの答えだな」と、よりはっきりとわかるようになるみたいです。

わたしもだんだんと、小さなことならすぐに答えがくるようになりました。

きのう買い物をしていて、同じような似ているジャケットが二つあって、どっちを買おうか迷いました。

結局決められなくてどっちも買わなかったのですが、家に帰ったら片方の店からセールの案内状がきていて、わたしが迷っているジャケットの写真が載《の》っていたのです。

「迷った時はとりあえず待ったほうがいいんだな、こんなに小さなことでもちゃんと情報がくるんだな」と思いました。

だったら、**自分の人生を左右するような大きなことについて、なんの情報もやってこないはずはないのです。**

これがわかってからは、どうすればいいかわからなくなった時は、しばらくほうっておいたまま精神レベルを上げることだけに専念するようになりました。精神レベルを上げておかないと、情報がきた時に気づけないで素通りしてしまうからです。

迷ったら待っていればいい、こんなに楽なことはないですよね。

「初志貫徹」がすごいとは限らない

「初志貫徹」という言葉があります。

「志をまっとうする、目標を達成する」など良い意味に使われることのほうが多いのですが、精神レベルが上がると初志を貫徹できないようにものごとが流れていくことが、よく起こります。

いろんな情報が入ってくるので、自分の心が本当に楽しくなる新しいことを見つける場合もあります。「今まで目標としていたことよりスルスルと事が運ぶから、こっちのほうがいいかもしれない」と思い始めたりします。

目指して努力している過程で、その人の精神レベルがはじめの頃より確実に上がってきているとすれば、「初志」が変わってくることもあるのです。

このような時に、「それでも初志貫徹だから…」と頑張っているのは「執着」だと思います。

初志を達成するために努力することは「精進」なので、精神レベルのアップにつながりますが、新しい情報がきているのにかたくなに初志を貫徹することにとらわれるのは、流れに逆らっていますよね。自分に良い流れがきていることに気づかずに、ただ目標だけを見ていると、やってきた流れに乗ることもできませんよね。頭や心を柔軟にしながら努力をする、ということかもしれません。

そう考えると、今までの予定とは違う方向に道が開けた時に驚く必要もないし、「そうか、こんな道もあるんだな」と安心していられます。

すべては、精神レベルが高まれば高まるほど、自然に入ってくる情報のとおり流れにまかせていけばいいことだと思います。

自分の考えている幸せが、本当に幸せなことかどうかはわからない

精神レベルが上がると、今まで自分が考えていた理想や幸せというものは、必ずしも自分が思っていたのとは違うかもしれない、と気づいたりします。

「ああなれば絶対幸せと思っていたのは、見かけだけで判断していたからだ」と気づいたり、その状況の裏側にあるいろんなことが情報として入ってきたり、わかってしまったりします。

はじめに思い込んでいた幸せというのは、その時の精神レベルで考えついた幸せだった、ということです。

はじめは絶対これがいいと思っていたけど、実際はそんなにこだわることでもなくて、別にあっちでもいいかもしれないと思い始め、その結果、知らない間に執着が取れていたりします。

そして、執着が取れれば邪霊に邪魔されることもなくなるので、そのまま精神レベルを上げていたら、忘れた頃に、はじめに思っていた目標がかなっていたりするのです。

でも忘れた頃にかなったりすると、人は感謝を忘れがちなんですよね。前の自分にとってみたら、望みどおりの状況になってちゃんとかなえられたのに、そのすごさ、ありがたさを忘れてしまうのです。

精神レベルの低い時に考える幸せや目標というのは、レベルが上がってくれば変わってきます。変わるというより、思っていたほどでもない…と気づいたりします。

と言っても、「今考えている幸せは、レベルが低い時に感じているものなのか」なんて難しく考えることは全くなくて、とにかく精神レベルを上げているとなにが本当に自分の幸せになるのかも自然と答えがやってくるはずなので、安心していていいことなのだと思います。

わからなくなったら、答えがくるまでほうっておくぐらいでいいのだと思います。

もちろん、精神レベルの低い時と高い時の考える理想や幸せが変わらない場合だってあります。でも、そこへのたどりつき方が、今まで自分が考えていた方法だけでなく、もっといろんなたどりつき方がある、ということに気づくかもしれません。

執着を捨てて精神レベルを上げていれば、邪霊の影響を心配することもなく、自分にとって良いほうへいくように、見えない力が必ず守ってくれます。

第4章

よく耳にするけど、よくわからないこといろいろ

「前世」があるとしたら、どう考えればいいの？

「前世《ぜんせ》」という言葉も、聞いたことがあると思います。

「前世は男だったかもしれない」とか「次生まれても、また女がいいな」とか、普通の会話の中でも気楽に使われているのを聞きます。たいした深い意味はなく言っているのでしょうが、会話の中に出てきても、今は変なことを言っているとは思わなくなりました。

「わたしの前世は○○だった」と、誰かの生まれ変わりのように言っている人もいますし、「前世なんてない」と言う人もいます。

どちらの意見があってもおかしくはないという感覚に、みんながなってきているのだと思います。

でも、もし前世があったなら、自分がどう生きていたか知ってみたいし、面白そうだなと思いますよね。

自分の前世がなんであったかを知るだけではなくて、それが今の人生にどんな影響があるのかなど、知ったことを生かせればもっといいですよね。

どこかへ行った時、初めて来た場所なのにすごく懐かしい気がしたということってないでしょうか？　またはもっと単純に、ここに来たらなんだかすごく気分が晴れやかになったとか、すがすがしい気持ちになったとか、なんだか落ち着くとか、その日の天気や一緒にいた人に関係なく、また来たいなと思うような場所です。

なんのつながりもないのにこういう気持ちが起こるとすれば、それは前世でその場所に深いつながりがあったから、だと思います。

今まで来たこともないし何の思い出もないはずなのに、このような気持ちになるのだとしたら、今回の人生ではないどこかでつながりがあった、ぐらいしかありませんよね。

とすれば、前回生きていた時になんらかの関《かか》わりがあったんだろうと思うのです。

一つ前の人生かどうかはわかりませんが、いくつ前にしても、とにかく前世の思いが残っているからこのような感覚になるのだと思います。

場所だけでなく、人に対してもすごく前から知っているような気がしたり、懐かしい感じがしたり、あの人といると気分が良くなる、などと感じるのは、前世で縁のあった人なのかもしれません。この気持ちが異性同士ではたらいた場合は、俗に言う「運命の人」という呼び方になるのでしょうか。

もちろん逆の場合もあるわけで、なんだか嫌な気分のする場所や人というのは、前世で嫌な思い出があったのでしょう。

たまに、異常なまでに自分と共通点が多い人と出会うことがあります。

家庭環境、趣味、習い事、交友範囲、よく行く場所、好きな食べ物などなど…。一般的なことだけではなく、昔からやっていたことや、なにかを思いついたり、それをした時期まで同じであったり、なにかにはまって夢中になっていた時期や、新しいことを始めた時、感じたこと思ったこと、とにかく、お互いに真似していたのではないかと思うぐらいに共通点がたくさんある人です。

このような人も、前世でかなり近い関係にいた人だと思います。

このような気持ちを感じる時があるということは、前世で関係のあった場所、人、ものごとというのは、なんらかの形で現在の脳や心が記憶しているということになります。

人は、前世にやっていたことを現世(今回の人生)でも繰り返すことが多いらしいのです。

前世でやっていたことは心が記憶しているので、なんだか愛着があって懐かしい気がする。すると現世でもまたやりたくなる。やることになる。すると、前世ですでにやっていることなので上手にできます。だからますます、その道へ進むことになります。

どんなことでも繰り返せば繰り返すほど上達していくわけですから、現世でなにかのプロになっていたり、その道の先生と言われる人は、前世でも同じような分野のことをしていたらしいのです。だから、人より秀《ひい》でているのです。

ということは、今までの自分の人生を振り返れば、だいたい自分の前世の見当がつくということになりますよね。

そんなにはっきりしていなくても、「小さい頃からなんだかどうしても好きなもの」「これをしているとワクワクしてくること」「時間が経つのも忘れるほど没頭できること」ということやものは、前世と関係があるものだと思います。

自分にやってくる情報で意味のないことはないので、「理由はないけどなんだか好き」というようなことも、実はきちんと理由があった、ということです。現世では理由はないけど、前世で関《かか》わっていたから気になる、ということだと思うのです。

ママさんが小さい頃から
なんでだか 好きなもの
ハスの花
前世で
どんな関係が…？

だからやっぱり、自分の本音でワクワクすること、やっていて心から楽しいことを選ぶべきだし、そのほうが将来的にもうまくいってしまうのだと思います。

結局は、やってくる情報を信じて正解、自分の心を信じて正解、ということになりますよね。

占い、風水、タロットカード――これらの類をどう解釈すればいいの？

占いの類《たぐい》というのも、これまたたくさんのものがあり、どれが正しいのか、どれを信じればいいのか、本当は当たるのかもしれないし当たらないかもしれないし、元々はどこからきているのか、すごく幅が広いですよね。

わたしが聞いたことのあるものだけでも、星占い、風水、方位、手相、人相、タロットカード、トランプ、姓名判断、数命学、万象学、四柱推命《しちゅうすいめい》などたくさんあって、迷ってしまいます。雑誌にも必ずといっていいほど占いのページがあるということも、興味のある人が多いということですよね。

雑誌に書いてあったりテレビで毎日やっているような気軽なものは、こちらも気軽に受け止めますが、人生に関《かか》わることを見てもらったりした時には、小さなことでも当たっていることがあったりすると、またその先がどんどん知りたくなるのではないでしょうか。

なにかをするたびにそれを頼りにしているような方もいると思いますし、「どこどこの○○さんはよく当たるらしい、面白いから行ってみよう」という好奇心で聞きに行ったことのある人もたくさんいると思います。

みてもらう内容も、自分の将来や人との相性や事の成り行きなど人それぞれですし、その真剣さの度合いもさまざまです。

この類《たぐい》のものを統計学として捉《とら》えれば、何パーセントかは当たると言えるでしょう。わたしはこのような類のものというのは、それが当たっているか、本当なのかでたらめなのかということよりも、結局は「自分の心の中にプラスを溜《た》められるように利用するもの」と捉えています。良いことを言われた時は、「うまくいくから心配しなくていいんだ」という気持ちを強めてくれるので、聞いてよかったと思えばいいのですよね。

問題は悪いことを言われた時です。

いつも良いことしか言われないという人はいないので、誰でも悪いことを言われる時があるはずです。

悪いことを言われると、言われたその言葉がしっかりとその人の頭の中にインプットされて、気にしないようにしようと思っても「もし本当になったらどうしよう」と、心がそちらのほうへ傾いていきます。「良いことだけを信じて悪いことは気にしないようにすればいい」と捉えようとしても、自分にとって重大なことについて悪い結果を言われてしまったら、やっぱり心に残ってしまいます。

それに、言われたことを心配して生活すれば、心に思っていることは確実に現実化していくので、本当にそちらのほうへ流れて行くことになります。

だから、嫌なことを聞いてそれを心配してしまう可能性のある人は、この類のことは本当は聞く必要はないし、知る必要もないのだと思います。

誰だって嫌なことを言われれば気になるし、それを打ち消して聞かなかったことにするのには、大変な時間とエネルギーを使うからです。

占いの類を賢く利用しよう

でも本当は、精神レベルの側から考えると、占いやタロットカードのような類《たぐい》で言われる言葉にすら、意味のないことはないのだと思います。

つまり、本当にその時の自分に必要のある情報だからこそ、その言葉を聞いたということです。

たとえば、「今月は、仕事面でのトラブルに注意してください」と言われたとします。

なんでも一〇〇パーセント否定することはできないので、確かにその月は他の月に比べて仕事面でのトラブルが起きやすいのかもしれません。

でも、「なにが起きるんだろう」なんて心配する必要は全くないし、なにかがあった時に、「本当に悪いことが起こった、占いのとおりだ…」とすぐにこじつけて考えるのも違うと思います。

突然起こるトラブルさえ自分の精神レベルが引き寄せているので、占いのせいではありません。占いのせいで変わったとすれば、言われたことを心の中に溜《た》めこんで考えていたから、その意識が現実になってしまったのです。

だから「気をつけてください」と言われたとしても、「じゃあ、トラブルが起こらないようにいつもより慎重にやろう」と捉《とら》えればいいだけのことです。自分が弱いところや必要なことを、知らせてくれたのです。

早めに教えてくれた情報なので、「ああよかった」と受けとめて、それが起こらないように事前に防げばいいわけですよね。

それを聞いていなかったら気にもしなかったことなのですから、言われたことに対して一喜一憂する必要は全くないわけです。自分の精神レベルを上げていれば、良くないことも知らない間に回避するはずなので、言われたことを気にして振り回される必要はありません。

たとえば、「波乱万丈の人生ですね」というようなことを言われたとします。

山あり
谷ありの
道でも
こっち側から見れば

こう言われると、良いことも悪いこともどんなすごいことが待ち受けているのだろうと思うし、山あり谷ありの起伏の激しい人生の道を想像して心配しますよね。でもちょっと見方を変えて、そのアップダウンの激しい道を横から見てください。いろんなことを体験できる幅のある人生、ととれるかもしれないですよね。

もっと精神レベルの上がっている人は、占いなどの類でも、求めていることに対してちょうど良い答えを言われたりするはずです。精神レベルが上がると、タイミングの良い時にタイミングの良い情報を聞けるようになるからです。

例えば、こうしたいと思うなにかがあって、それがうまくいくかどうか、うまくいかせるにはいつ頃にすればいいかなどをみてもらったとします。

精神レベルの高い人は、今がその人にとって良い時期だというちょうどその時に「これをしたい」と自然と思いつくので、占いの類を聞きに行ったその時にも、「今すぐ始めてもいいですよ」という答えを聞けることになります。

でもレベルの低い人、まだそれをやるのにふさわしくない人は「今はやめておいたほうがいいですが、二年後ならいいでしょう」とか「一か月前なら良かったんですが…」というような、出鼻をくじかれるような答えを聞くことになると思います。二か月なら待つことができても、二年後というのは待つことができないかもしれないし、一か月前なら良かったと言われても、もうどうしようもないですよね。

もちろん、これだけで決めてしまうのは違いますが、まわりの状況もスルスルッとことが運ばない、占いの類でもそのような答えが出ている、それでも自分の「我《が》」を通してすぐに始めようとすれば、それは流れに逆らっていることになるので、前に書いたようにいろんなタイミングがずれて、結果的にうまくいかなくなるのだと思います。

もしこのような言葉を言われたら、「始めちゃって失敗する前でよかった」とプラスに捉《とら》えればいいですよね。そうすれば、良いタイミングをつかむために精神レベルをアップしようということになって、占いなどを聞く意味はすごくあると思います。

でも先ほども書いたように、マイナスにとる可能性がある人は聞く必要はないと思うし、むしろ知らないほうが良いと思います。良いことだけを信じようとしても、いつも良いことしか言われない人というのは少ないですし、同じことを言う場合でも、言う側の人によってさまざまな言い方があるからです。

特に、自分の心が弱っている時には一喜一憂しやすいので、聞かないほうが良いのではないでしょうか。

結局、占いの類のことは、当たるか当たらないかということではなくて、それをどう捉えるかということだと思います。

良いことを言われたら「このままで大丈夫だ」と自分の心からマイナスの心配を取り払うのに使い、悪いことを聞いたら「早めに教えてくれて良かった、気をつけよう」と捉える、このように自分の心がプラスになるように利用すればいいのだと思います。

また、どちらにすればいいかを教えてほしい時などには、占いの言葉を決定打にしてしまうのではなく、前に書いたように流れにまかせることだと思います。

あとは流れにまかせて精神レベルを上げておけば、実生活でも占いの類でも、自分に本当に良いほうの答えが出るはずだと思います。

悪いことのほうが当たる気がするのはなんで？

悪いことのほうが当たってしまう気がするのは、悪いことのほうが、気になって心の中にとどめておく時間が長いからだと思います。

たとえば、恋人や夫婦などの関係において、「今月いっぱいは『別れ』に注意してください」というようなことを言われたとします。

これを聞いてパニックになって、「やっぱりあの人とはうまくいかないんだ」と思ったり、「別れの原因になるような事件が起こるのかもしれない」とか「あの人は自分になにか隠しているのかも」と思ったとします。「なにが起こるんだろう」と、なにか起こることが前提のような気分で過ごします。

このような思いに縛《しば》られると、相手を疑いの目で眺《なが》めたり、なにかにつけて今までより詮索《せんさく》するようになりますよね。

これが一か月も続けば、相手はうんざりするはずです。ありもしない架空《かくう》のことでお互いを疑って、本当に占いどおりに破局してしまうかもしれません。

「今月は『別れ』に注意」と言われたとしても、「今月は、他の月よりは別れにつながりやすいことが多いということだな。だったら普段より相手に優しくなろう、最近忘れていたけど思いやりを持とう」というように捉《とら》えれば、なにも変わらないでしょう。普段の関係を見直して注意した結果、精神レベルが上がって、逆に良いことが起こるかもしれません。

では、「なにも問題はないし、このような良い相性は滅多にありません。順風満帆《まんぱん》で、これからも良いことがたくさん起こりますよ」と言われたら、人はどう感じるでしょうか。

もちろんうれしいと思いますが、「なんか都合が良すぎるみたい」とか「調子のいいことばかり言われた」なんて、その言葉を一〇〇パーセント素直に受けとめることのできない人もいます。また、言われたうれしい言葉をいつまでも心の中で繰り返し思い出して感謝する、という人も少ないと思います。

人は、良いことを聞いた時の喜びより、悪いことを聞いた時のショックのほうが残りやすく、なかなか頭から離れませんよね。だから、悪いことを心にとどめておくほうが長くて、現実になってしまう気がするのです。

良いことも悪いことも実現する確率は同じなので、「あんなうれしいことを言われて、どんな素敵なことが起こるんだろう」という気持ちになれば、良いことも本当にやってくるはずです。でも、良いことは言われて当たり前ぐらいの気持ちがあるので、すぐ忘れてしまうのです。

悪いことを言われた時に、それが本当になってしまうかもしれない不安で心をいっぱいにすることができるのなら、良いことを言われた時にはそのことを考えて心をいっぱいにすればいいのです。そうすれば、心に思うことが現実になっていくので、良いことだって悪いことの当たる確率と同じに実現するはずです。

普段はこのようなことを全く信じていない人でも、ちょっと悪いことを言われると、それがひっかかってしまうこともあるでしょう。

悪いことを聞いたほうが残りやすいし、信じやすい、そして気になって心の中で考えてしまうので、悪いことのほうが現実になりやすく感じるのだと思います。

「運命」は変えられないもの？

誰が考えてもその人には無理と感じるような、大きな理想や野心を持った人がいたとします。

占いの類でみてもらっても、いろんなところで「あなたにはその野望を成し遂げるのは無理です」とか「もともと持って生まれたものが違います」とか、さらには「そのような運命ではありません」というようなことを言われたとします。

「運命」というのはなんだろう、と思います。

もともと定まっているものがあるとしたら、どんなに精神レベルを上げても無駄なような気がするし、確かに精神レベルを上げれば生活が変わっていくけれど、もともと持って生まれたものの違いというのも、同時にありますよね。

前作で、「人の心に思いつく理想はどんなことでも必ず実現する、その理由、その方法」などについて書きましたが、確かに無謀すぎる望みや野心は実現しにくいと思います。

人には持って生まれた「器《うつわ》」というものがあると思うので、例えば極端な例ですが、誰もが大統領になろうとしても、絶対無理ではありませんが、大変なことですよね。人によって、その望みの近くにはじめからいる人とかけ離れている人がいます。これは、仕方のない事実です。

人はもともと持って生まれた器の大きさによってスタート地点が違っているので、同じだけ精神レベルを上げても、早く上に到達する人と遠い道のりの人がいます。

でも「その器ではない」と嘆くことではないと思います。この「持って生まれた器」というものをたとえて言うと、こういうことではないでしょうか。

環境の違うAさんとBさんがいて、AさんはBさんより大きな器として生まれてきました。

この二つの器に「陰と陽（マイナスとプラス）」の意識（パワー）が入っているとします。

小さくても、いつも陽（プラス）のパワーでいっぱいの器と、大きくても、いつも陰（マイナス）のパワーが充満している器だったら、小さな器でも充分大きな器を上まわるのではないでしょうか。

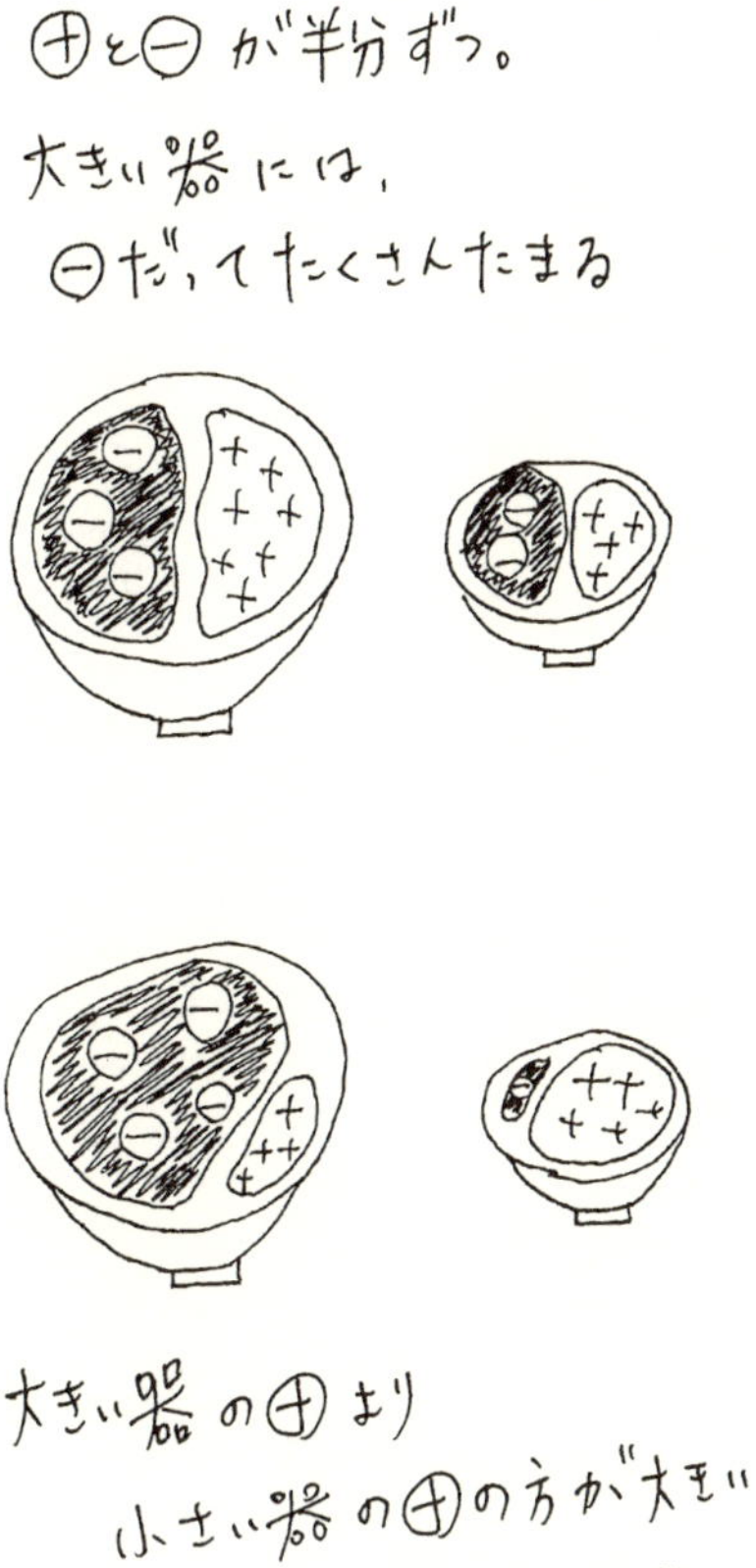
⊕と⊖が半分ずつ。
大きい器には、
⊖だってたくさんたまる
大きい器の⊕より
小さい器の⊕の方が大きい
場合もある

器は小さくても陽（プラス）のパワーをたくさん持って努力する人と、大きな器で陰（マイナス）のパワーがたくさんの人と、どちらが理想に向かって実現する力が強いでしょうか。

つまり、持って生まれた器の大小は確かにありますが、その器にどれだけプラスのパワーを溜《た》められたかで、小が大を追い抜くことができるので、器の大きさは関係ないということだと思います。

関係あるとすれば、もともとの器の大小について愚痴《ぐち》ばかり言い、人をうらやむ気持ちで心を陰（マイナス）のパワーでいっぱいにしている場合です。こういう場合は、残念ながら、もともと器の大きい人のほうが有利になると思います。

小さな器でも、プラスのパワーでいっぱいにして精神レベルを上げておけば、守りのパワーも重なって、運命も開けていくのだと思います。

ですから、占いの類で「あなたにそのような運命はない」というようなことを言われても、それは単に器の大きさを教えてくれただけのことなので、気にしなくても良いのではないでしょうか。

とにかく、自分の意識の中からマイナスのパワーを追い出すことです。

そうしておけば、本来その道の運命がなくても、人の助けや、グッドタイミングや、守られているパワーのはたらきで、自分の器以上のことが成し遂げられる、と考えていいのではないでしょうか。

究極には「愛」、それってどういうこと？

宗教でも哲学でも芸術でも、いろんな分野の本の中には必ず「愛」という言葉が出てきます。聖書にも「あなたの隣人を愛しなさい」とあるし、「愛ほど力のあるものはない」「この世で一番大切なのは愛」というようなことも、よく聞きます。

そりゃあ自分のまわりのものごとや人を愛情をもって眺めれば、争いごとはなくなるかもしれませんが、頭ではわかっていても日常的な行動とは結びつかない、と思っていました。恋人同士や家族の愛情なら理解できるけれど、日常生活において「愛をもって暮らす」なんていう言葉は、今までピンときませんでした。

でも、精神レベルを上げて心や意識の仕組みがわかってきた時に、このことの意味が少しだけわかってきたように思います。二十五歳のわたしが、この年なりに解釈する「まわりのことを愛をもって眺める」とはこういうことだと思います。

精神レベルを上げて、なんだか知らないけれど自分に良いことばかり起こる、運まで良くなる、これを実感し始めると、困ったことが起きた時やうまくいかせたいことができた時に、「自分の精神レベルを上げさえすれば、今、必死に考えなくても、自然とうまくいくだろう」という気持ちになります。**自分に起こることはすべて自分次第ということがわかると、突然くるかもしれない失敗や落とし穴を心配することもなくなるし、不公平ということも感じなくなるし、不平や不満もなくなります。**

このようなことを人からのお説教でなく実体験を通して肌で感じると、嫌な物事というものが、自分のまわりからだんだんとなくなっていくのです。

一見いやだなと思うことがあったとしても、意味のない情報はやってこないということがわかっているので、その時の自分に必要があるからやってきたんだろう、

と考えます。

はじめは、いやなことを無理に明るく捉《とら》えて意味づけしようとしているのかと思いましたが、しばらく経つと「このあいだのあれは、こういう意味だったのね」とちゃんと答えが出るのです。

これは、練習すると面白いです。

なにかいやなことが起こった時、それまではそのことで頭がいっぱいになって、「自分は悪くないのにどうして…」という考えから脱《ぬ》け出せずにいましたが、それでもあえて「自分に欠けていたこと、知らせようとしていることはなんだろう」と情報を探すのです。

はじめは無理やり見つけている、という感じだと思いますが、思いついたら忘れないように書きとめておくのです。

その気づいたところに注意しながら生活すると、自分の精神レベルが一つ上がったことがはっきりとわかります。

自分だけの思い込みではありません。ラッキーなことが次々と起こったりして、前よりものごとがうまくいくようになるので、はっきりとわかるのです。
そして、しばらくたってから書きとめておいたことを見てみると、「あの時あれに注意したからレベルが上がったんだなあ」と、具体的になにが原因でそうなったかわかります。

「なんでこんなことが起こるんだろう」「絶対意味なんてない」と思うようなことほど、今の自分に必要な情報が隠れていると思います。

意味のないことはないので、やってくる情報に流れるように沿っていけばうまくいくのです。

例えばなにかに向かって努力している最中に、うまくいかないかもしれない、という状況になったら、「それ以上無理強《じ》いしないで今は待っていなさい」という情報です。だから焦らずに待っていればいいのだと思います。
これがわかると、どんなことでも自分にとって意味のないことはないので、毎日が面白くなってきます。

「すべて自分にとって意味のあることだと思うと、自分のまわりのいろんなものご

とや人を優しい気持ちで眺められるようになる」これが二十五歳のわたしが今考える「まわりのものごとを愛をもって眺める」ということです。

人は基本的にはひとりぼっち、それは寂しいこと？

わたしたちはたくさんの人に支えられて生きています。

子供の頃は保護者のもとで育つし、友だちがいるし、結婚すれば一生のパートナーができるし、中高年になれば自分の子供、さらに孫、というように、誰かしらそばにいる人があるはずです。

もちろん、大勢の人がそばにいても、心から自分のことをわかってくれる人がいなければひとりぼっちと同じと感じるでしょう。だからこそ、心からわかりあえる人を求めるんですよね。こういう人が数人いれば大勢はいらない、と考える人もいます。心からわかりあえる友だちに出会えない…と、それが悩みになっている人もいます。

でも、「自分とすべての分野でわかりあえる人」というのはいないと思います。**すべての分野でわかりあえる人がいないことをひとりぼっちと言うのなら、人はみんな基本的にひとりぼっちだと思います。**

でも、これは寂しいことではなくて、当然のこと、自然なことだと思います。人にはそれぞれの精神レベルのらせん（螺旋）があります。それはその人独自のもので、一つとして同じものはありません。

それぞれのらせんが、たまに他人のらせんと少し触れ合う部分がある、その時にお互い意気投合したり盛り上がったりするわけです。

お互いの輪のちょっと触れ合っている部分だけで付き合っていけばいいことなのに、それを自分のらせんすべてを合わせようとするから、「あの人とはすべての面ではわかりあえなかった」とか「わかってくれる人がいなくて寂しい」とか言い出すのです。本来、それぞれのらせんで独立して生きているものだと思うので、「人はもともとひとりきりの存在」だけど、「他人とはわかりあえない寂しい存在」ということではないのです。

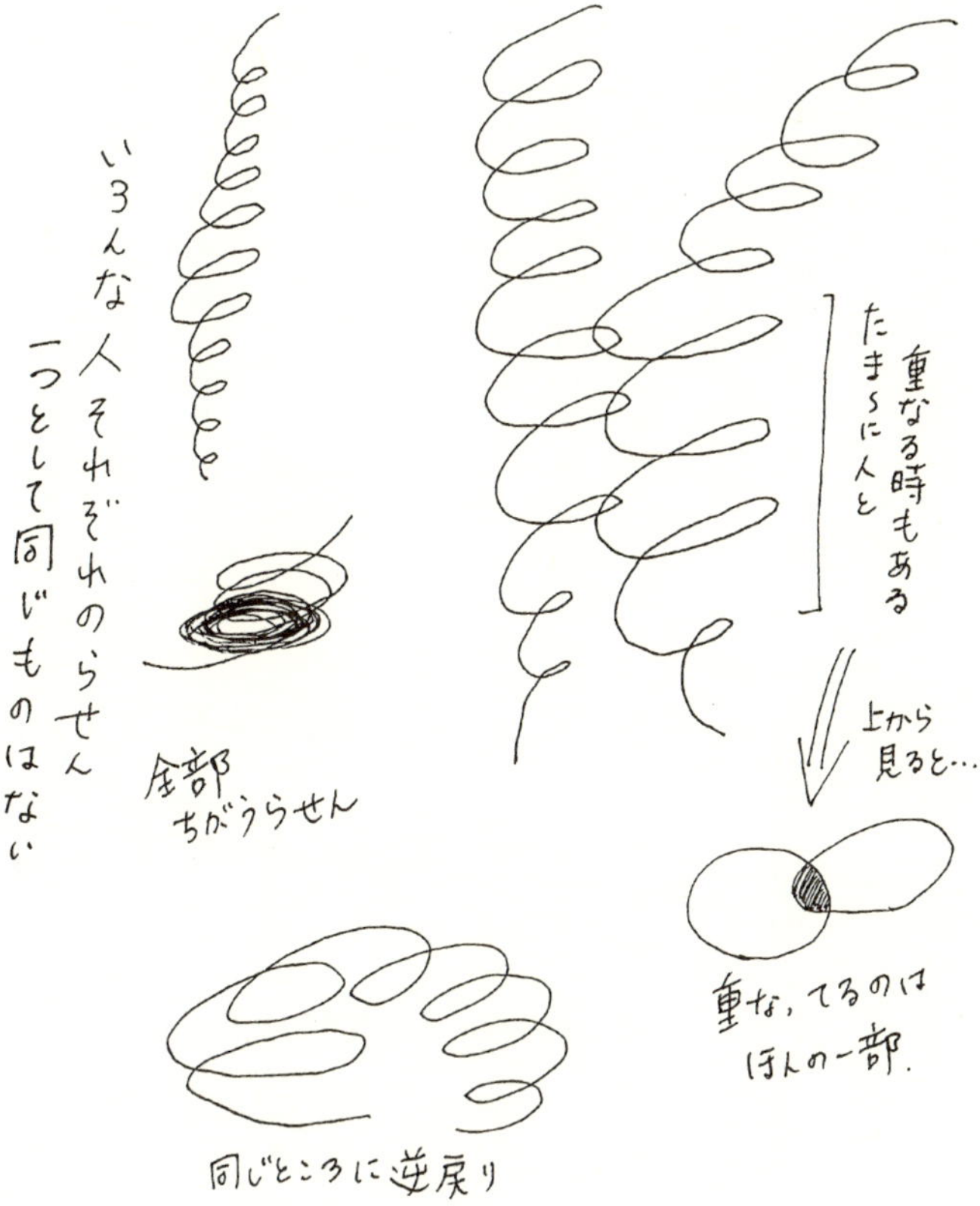
いろんな人それぞれのらせん
一つとして同じものはない
全部ちがうらせん
たま〜に人と重なる時もある
上から見ると…
重なってるのはほんの一部.
同じところに逆戻り

人は「ひとりぼっち」と感じるのが嫌で、自分のまわりの人、特に親子や夫婦、恋人、親友が自分と同じように感じて、同じような意見を持って、同じ時間を過ごしていってほしいと思っています。同調してもらえることでほっとしたり、関係を再確認したくなったりします。親友と思っている人とはすべてが同じ考えだと錯覚していたり、それを期待したりします。

そう思っているから、同調してくれなかったり予想外の意見の対立があると、がっかりしたり、怒ったり、恨んだり、裏切られたような気分を味わったりします。さらに「自分はひとりぼっちで寂しいな」なんて思ったりするわけです。

どんなに自分とわかりあえるという人も、自分のらせんとかなり近いというだけで、全く同じではありません。

「人と人の関係はそういうものだ」とわかっていれば、がっかりしたり、寂しさを感じたり、相手に自分の考えを押し付けたりすることもなくなるはずですよね。

一人一人のらせんはみんな別々のものだから、趣味や意見や考え方がバラバラでも仕方がないことです。同じ趣味、似たような考え方の人がグループになるのは当

ふれ合ってるのは
ちょっとでも
まとまれば
みんな一緒

然ですが、だからと言って、その中の一人一人の意見は「十人十色」です。

こう考えると、「なんであの人はわかってくれないんだろう」とか「自分が絶対正しいのに」という気持ちはなくなりますよね。

だから、ここで言う「ひとりぼっち」というのは、「人間とは寂しい存在である」とか「ひとりでなんでもする、しなくてはならない」ということではありません。

人それぞれの持つものが他人とぴったり重なり合うことはないのだから、わかってくれなくても寂しさを感じるようなことではない、ということです。

それに、ほんのちょっとの部分でわかり合える人というのはたくさんいるので、あの人とはこの部分でわかり合える、あっちの人とは別の分野で…という具合に、いろんな方面でわかり合える人がより集まって自分の友だちを構成しているのです。

また、第2章に書いたように、人は自分だけの力ではなく、見えないものの力に助けられ守られて生活しているので、そういう意味ではひとりぼっちではないと思うし、寂しさを感じるようなことではないのだと思います。

第5章

ひとりが思えば、世界を変えられる…？

世界中の人が望んでいることってなんだろう

誰でも自分の望みをかなえて、幸せな生活をしたいと願っています。

その望みの内容は、年齢、性別、環境、人種などによって多種多様で、人それぞれでしょう。

同じ日本人同士で似たような環境であっても、その人がどうしてそんなことを望んでいるのかわからない時もあるかもしれません。でも本人がそれで幸せを感じるならば、他人が口出しすることではありませんよね。

では、世界中の人たちが共通に持っている望みはなんでしょうか？　どんなに状況が違っても、どんなに遠く離れていても共通に望んでいること…、それは「世界平和」だと思います。

人の考えている望みには同感できないことがあっても、「世界平和」に対してだけは反対する人はいないはずです。誰だって、世界中が平和に暮らせるに越したことはないですよね。

わたしたちが日々抱えている望みはもちろん重要ですが、それも平和な毎日が約束されているからこそ言っていられることです。

もし、爆弾や銃撃におびえる暮らしで、毎日逃げまわらなければならない生活だとしたら、自分の望みなど言っている場合ではありません。まず第一に、平和な生活を望むはずです。

どんなに国や人種が違っても、平和に暮らしたいと思う心はみんな同じはずなのです。宗教にしたってさまざまな宗派や教えがありますが、その大本では、真の平和を目指しているはずですよね。

前作と本書で書いてきたような心の持ち方というのは、スタート地点は、自分の望みをかなえるための考え方でした。でもこの考え方が「自分の望みをかなえることができる方法」だとすれば、これは「世界平和につながる考え方だ」と言うこともできるはずです。

だってみんなの心の奥底には、自分のまわりを含む世界中の人が平和に暮らしたいという望みが、本当はまずいちばんにあるからです。

でも今の日本の場合は、戦争をしていたり内戦があるわけではないので、その基本的な望みは生まれた時からクリアーされていると思っている、だから平和を願う気持ちがいちばん最初に出てこないだけのことです。平和なのは当たり前、望まなくてもかなえられること、と思っているのです。

自分の精神レベルを上げることは、戦争や天変地異まで抑えることに結びつく

わたしは、精神レベルを上げる考え方がどんどん広がって、プラスの力が大きくなれば、自分のまわりの生活を良いほうに動かすだけでなく、世界のどこかで起こっている紛争や、さらには天変地異まで抑えることができるようになる、と本気で信じています。

もちろんこれは、まだわたしも経験したことはありませんが、多分こういうことだろうと考えています。

まず、ひとりの精神レベルが上がります。

精神レベルが上がると、夫婦や家族などのいつも身近にいる人は、上がったその人のレベルにつられて引っ張り上げられることが多いので、その人の家族はみんな精神レベルが上がります（そのレベルについていけない人とは自然につながりがなくなっていきます）。

次に、家族一人一人のまわりにいる人たちが少しずつ上がります。それからまたその人たちの家族、またそのまわり、という具合にねずみ算式にすごい勢いで広がっていきます。

自分の友だち、家族、地域へと広がり、最後には国レベルに到達するはずです。これぐらいの段階までくると、日本中の精神レベルは、前よりかなり高くなっているはずなので、日本に都合の良いような流れやタイミングが国レベルでくるはずです。さらに、日本と関《かか》わりのあるまわりの国も引っ張り上げられるはずです。

もちろん、国レベルで引っ張り上げることは個人の時ほど簡単ではないでしょう。政治的、経済的、文化的にさまざまな根強い問題があるでしょうし、足を引っ張る国もいるはずです。

ところが、ここまでプラスのパワーが大きくなっていると、その人のまわりに伝わっていくだけでは止まらなくなるらしいです。

『百匹目の猿』を書いた船井幸雄さんによれば、同じ考えを持った人がある程度の人数集まると、不思議な現象が起こるそうです。

この考え方を発見するきっかけとなったのは、宮崎県の東にある幸島《こうしま》の猿の行動でした。

この島の猿が、ある時芋を洗って食べ始めました。

それを見た猿が真似をして、またそれを別の猿が真似して、その行動が幸島中の猿に広まりました。遊びに来ていた隣りの島の猿まで、自分の島に戻ってからも芋洗いをするようになりました。

そして芋洗いをする猿の数がある程度増えた時、不思議なことが起こったのです。そこから遠く離れた別の島でも、芋洗いをする猿が出てきたというのです。

これはアメリカの学者であるライアル・ワトソンが名づけた「百匹目の猿現象」というものだそうです。「百匹」というのは、同じ行動をしているものが、ある程度の数に達した時に他の場所に伝わる時の「ある程度の数」を便宜上、決めたものだそうです。

「やさしくいいかえましょう。どこかでだれかがなにかいいことをはじめると、それは集団内で必ずまねされます。そのまねが一定のパーセンテージに達すると、遠

く離れたところでも同じ現象がはじまり、社会全体に浸透していく」（『百匹目の猿』サンマーク出版より）

つまり、精神レベルを上げる考え方が日本の中で何人か以上になれば、日本人とは直接接することのない遠く離れた世界のどこかでも全く同じ現象が起こり始める、という不思議なことになるらしいのです。

これを考えると、一人の思いが世界を変えることもできる気がします。

ちょっと横道にそれますが、ＵＦＯですら、本当にいると確信する人が人口の半分ぐらいになったら本当にわたしたちの前に現われる、見ることができる、と言っている人もいるのです。同じ考えを持った人が集まると、目に見える現実の世界を変えられるぐらいのパワーが生まれるらしいのです。

日本の人口のたった十分の一が平和な心を持てば世界は変わる、と具体的な数字まで出している方もいらっしゃいます。

すごく大それたことにも感じますが、わたしひとりの精神レベルを上げただけであんなに不思議なことがいろいろ起こったんだから、国単位になれば、もっとすごいことが起こるかも、と思います。

自分の精神レベルを上げると、自分のまわりのトラブルが解決されたり、ちょっとのことで巻き込まれずにすんだというようなタイミングがやってくるのだから、これが国レベルのグッドタイミングになれば、「あと少しずれていたら戦争になっていたかもしれない」ぐらいに、ビッグなことになると思います。

四次元から見れば、人の意識は丸見えである

わたしたちの世界は三次元までの世界です。

そこから先の世界は絶対あるとも言えないし、絶対ないとも証明できません。

わたしは、三次元の次の次元は「意識の世界」だと捉《とら》えています。

「意識の世界」は、「人の心」「思い」「想念」「意念」「念力」などが支配している世界で、**「思っただけで、念じただけですぐに現実になるような世界」**です。

人の心や意識が、まわりのものすべてを動かしている世界だと思います。

今まで書いてきた考え方、「精神レベルを上げる行いをしていると、それとは直接関係ないと思われる分野のトラブルが解決してしまうこと、時間のタイミングまで操作されること」「守りのパワーは、意識して感謝すると力が強まること」などなど、これらはすべて自分の意識の持ち方の話です。

自分の心や意識の仕方を変えたことで現実の生活は目に見えて変化しますが、実感するのは本人だけなので、説明しようとするとわかりにくいでしょう。

でも、三次元までの常識で捉えようとするからわかりにくいのだと思います。ひとつ上の世界から見たら、不思議でもなんでもない当たり前のことだと思います。

一次元から三次元までの世界をわたしなりにたとえて言うとすれば（もちろん正確にたとえるのは難しいのですが）、一次元は前後しかない直線の世界です。「進む」と「戻る」しかできないので、歩いている一本道に丸太が置いてあったら、後戻りするしかできません。

二次元の世界には「縦と横」の観念があるので、丸太が置いてあっても横に避けて向こう側に行くことができます。でも、左右にずっとのびていて終わりのない壁のようなものが立ちふさがったら、それ以上先には進めません。

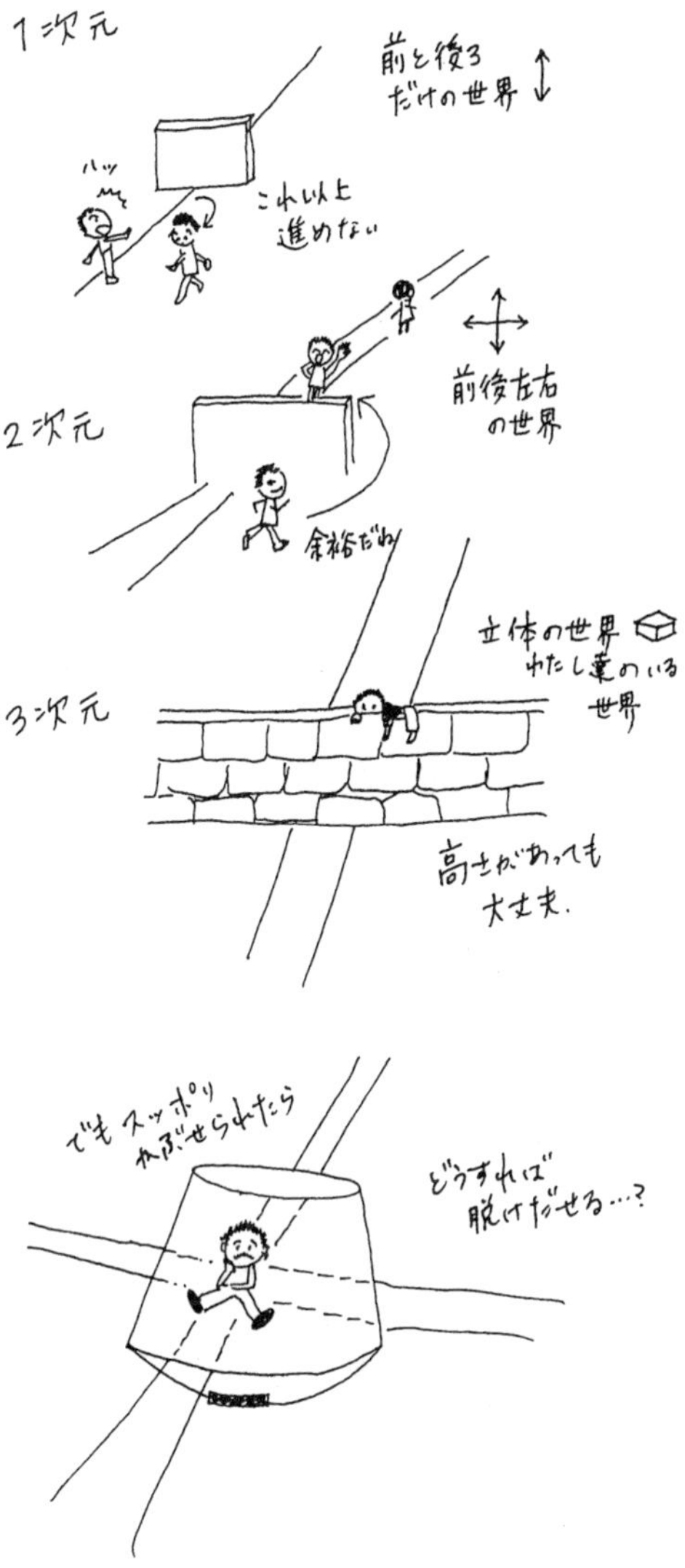

1次元
前と後ろ
だけの世界
ハッ
これ以上
進めない
前後左右
の世界
2次元
余裕だね
立体の世界
わたし達のいる
世界
3次元
高さがあっても
大丈夫.
でもスッポリ
かぶせられたら
どうすれば
脱けだせる…?

立体の三次元の世界にいるわたしたちには「高さ」の概念があるので、「登ればいい」と簡単に思いつくでしょう。

では、もし三次元の世界のわたしたちの上に、大きな鉄のバケツのような物が降ってきたとしたら、どうすれば脱《ぬ》け出せるのでしょうか？

このように、上の次元から見たらすごく簡単な当たり前のことでも、下の次元の世界の常識では思いつくこともできません。四次元、またはそれ以上の世界にとってみれば、「脱け出したい」と思えばフッと脱け出せる簡単なことかもしれません。

だからわたしたちの世界の常識で捉えると、意識や心のパワーが現実の生活を変えていくということは不可解で手探り状態のようですが、四次元かそれ以上の世界から見てみると、意識のパワーの仕組みというのは丸見えなんだと思います。

思えば通じる

人の意識は、まわりのものごとに影響を与えられるものです。「脱け出したい」と思えば鉄のバケツから脱け出せるかもしれないように、本当はグッと思うだけで変化があるくらい、力の強いものだと思います。

小さい頃、友だちとケンカをした時に、母がよく言っていました。

「本当に心から『言いすぎて悪かったなあ』と思えば、目に見えなくても必ず伝わっているのよ。『わたしは悪くないのに』と思っていたら、口では謝っていてもそれも伝わっているのよ」

心の底から『ごめんね』と思っていると、しばらくして必ず相手のほうからも電話があったりするんですよね。

「思いは届く」、このような類《たぐい》のことも気休めではなく、本当に届いていることなのです。ただ見えないだけなのです。

わたしの知人に、人の考える気持ちや心の状態が色で見えてしまう人がいます。人の悪口やねたみなどを言ったり考えたりしている時は、その人のまわりに黒や青のもやがかかっているそうです。

気分がさっぱりしていてマイナスのことが心にない人は、明るくきれいな色を出

しているのが見えるそうです。

きれいな状態の人のそばにいれば、自分もきっとその色に染まるでしょう。

だからこそ、自分のまわりには自分と同じようなレベルの人が集まっているわけで、「どうしてあんな嫌な人がそばにいるんだろう」と思う時は、自分がそうだから集まってきているのです。

同じグループの中のひとりがレベルを上げたり下げたりすれば、そのグループ全体が影響を受けます。

だから自分ひとりが変われば、家族やまわりの人も含めて、いろんなことに影響を与えることができるのです。自分のまわりに起こることも、全部自分が決められるのです。

自分のまわりを変えたかったら、自分が変わるしかありません。

でも、自分が変わりさえすれば良いのだから、こんなに簡単なことはないかな、とも思います。

人の意識に色がついていたら、
これくらい影響を与えているはず。

まとめ――本当は簡単なことなんだ!

わたしたちには、それぞれ守ってくれている守りのパワーがあります。どんな時も、どんな人も、守られているから大丈夫なんです。

でも、低いレベルで守られていてもしょうがないのです。

精神レベルの低い人には低い人なりの守りのパワー、低いなりの自然の流れしかやってこないからです。

すべてのことは、自分の精神レベルの高さによって決まるので、同じように守られていても、同じように自然の流れにまかせていても、結果に差が出てくるのです。

精神レベルを上げなければ何も変わらないし、精神レベルを上げさえすれば、どんなにあり得ないと思っていたことでも、実現できます。信じられないようなどんでん返しなんて、簡単に起こります。

自分の精神レベルを上げると、自分のまわりのいざこざや困ったことや悩んでいることや、さらには事故まで避けることができます。

だからものすごくたくさんの人が精神レベルを上げれば、もっと大きないざこざ、つまり戦争や自然災害まで食い止められるはずだと思います。

それくらい、人間の意識の力というのは強いもののはずです。

自分のまわりに良いことだけを起こすなんてことは、本当は簡単なことなんだろうと思います。

これに気づかないのはもったいない、気づいていないだけで、気づけばなんだって実現するパワーなのです。

あとがき

前作から通して何回も思いますが、こんな若輩者《じゃくはいもの》がこんなことを書いてしまえるなんて、本当に良い時代になったと思います。

このようなことは、人が長い間にいろんな経験を積んでだんだんとわかっていくものでしょうし、さまざまなことを経験して考えた人生の先輩たちこそ、言って許されることだと思っています。

わたしは、世間一般につらいとされるような経験もしていないし、まだ二十五歳です。

でも、壁にぶつかった人だけ、つらいことから立ち直った人だけ、経験豊富な年配の方だけが、このような考えをわかっている、わかっていればいいというものではないと思います。

むしろ、これからを生きていく若い人こそ、このようなものの考え方が必要だし、声に出してもいいのではないでしょうか？

意識のパワーに若いうちから気づいて、自分のまわりのことが思うように流れて行くと、人生が楽しくなるだろうなと思うからです。

これからどんなことが起こるか、良いことがあるかどうか、すべては自分が精神レベルを上げればいいことなので、こんなに楽な方法はないし本当に楽しみです。

いろんなものの目に見える力、目に見えない力、すべてのことに感謝。

二〇〇二年25歳　浅見帆帆子

著者へのお便りは、以下の宛先までお願いします。
〒104-0061 東京都中央区銀座3-7-6
廣済堂出版編集部気付　浅見帆帆子　行

著者のホームページ
http://www.hohoko-style.com/

本書は、グラフ社から刊行された『あなたは絶対！守られている』（2006年2月21刷）を内容を変えずに新装版として発行したものです。

あなたは絶対！　守られている

2007年2月20日　第1版第1刷
2010年11月25日　第1版第3刷

著者——浅見帆帆子
発行者——矢次　敏
発行所——廣済堂あかつき株式会社
出版事業部
〒104-0061 東京都中央区銀座3-7-6
電話03-6703-0964（編集）03-6703-0962（販売）
Fax 03-6703-0963（販売）
振替00180-0-164137
http://www.kosaidoakatsuki.jp
印刷・製本——株式会社廣済堂

ISBN978-4-331-51210-4　C0095